JN495425

오르는 길이
내리는 길이다

김주완 시집

문학의전당 시인선
161

오르는 길이 내리는 길이다

김주완 시집

문학의전당

시인의 말

제3시집 이후 19년 만에 시집을 낸다. 잠이 너무 길었다. 문단에 이름을 올려주신 구상 선생님께 죄송하고 부끄럽다.

긴 시간 동안 나는 시의 반대 극점인 철학 속에 매몰되어 강단생활을 했다. 강의와 연구에 쫓기면서도 마음 한편에서는 본향인 시의 세계로 돌아가야 한다는 희미한 소명이 늘 꿈틀거렸다. 대학 내에서 감당해야 했던 여러 보직과 짊어져야 했던 몇 개 학회의 책임 또한 나에게서 시를 강탈해갔다. 전공분야인 존재론적 예술철학에 천착하면서도 관심은 늘 시의 존재 해명에 머물러 있었다. 그나마 내가 얻은 아포리즘은 '철학이 말할 수 없는 것을 시는 말할 수 있다'는 것이었다.

우연한 기회에 2007년부터 경북 칠곡군 왜관읍에 있는 구상문학관의 시창작반 강의를 맡게 되었다. 참으로 의미 있는 기회였고 가르치면서 다시 시를 공부하는 계기가 되었다. 2013년인 지금도 매주 3시간씩 연중무휴, 무보수로 시동인 '언령'을 지도하고 있다. 2009년부터는 고향인 왜관 낙동강 가에 작은 서재를 마련하고 들어앉아 시작에 전념하려 애쓰고 있다. 그 덕분으로 600여 편 가까운 시가 쌓였다. 그 일부를 골라 제4시집으로 묶는다. 굳이 특정한 주제로 한정하여 뽑은 것은 아니다.

여생이 얼마일지는 모르지만 앞으로도 수굿하게 쓰고 기회가 닿는다면 시집으로 묶어 세상에 내보낼 작정이다. 해설을 써주신 이승하 교수님과 추천글을 써주신 송희복, 박덕규 교수님께 진심으로 감사드린다. 이 시집을 내는데 많은 분들의 도움이 있었다. 삶의 굽이굽이가 빚이다.

2013년 8월

김주완

차례

제2부 바람이 끈이다

제3부 가을 안개가 지나는 왜관 점경

제4부 겨울 원행

제1부 해무

디딤돌 4

오르는 길이 내리는 길이다

뭇 발들이 오가고
바람과 구름도 드나들었다
때로는 죽은 자가 산 자의 손에 들려서 지나갔다

세상에서 가장 순한 신발도 흔적을 남기면서
갔다

닳아도 닳아도
입묵(入墨) 자국, 살 속으로 파고들어
족보처럼 꿈틀거리는 저 실핏줄

오르는 길이 내리는 길이다

나뭇가지 4

나는 뻗는 것이 아니라
오래 받들었다, 아늘아늘한 하늘
어둠 너머에 있는 신(神)들의 자리를 경배했다

어제는 푸른 눈을 번득이는 2번도로길
송보살이 와서 나를 꺾어갔다
개명된 내 이름은 복숭나무
회, 초, 리,
영험한 축귀 도구가 되었다

미명귀는 한(恨)부터 풀어준 뒤 쩍쩍 핏줄 서도록 때려
쫓아 보내고
아귀는 한 상 그득 차려 먹이고
상사귀는 치마 한 장 덮어주며 마구잡이로 등 떠밀어
떠나보냈다

반질반질 손때가 내 몸의 살로 오르고
영계(靈界)를 드나드는 송보살의 신기(神氣)가

내 오장육부로 젖어들고 있었다

나와는 무관하게 나는 날마다
송보살의 손에서 휘둘러졌다, 구천을 떠도는 불쌍한 넋들
훤하게 쓸어내는 메마른 빗자루로

그늘의 정체를 보았다 1

회화나무 그늘에서 보았다, 그림자는 어둠이 아니라 목도장 자국인 것을, 머무르지 않는 빛이 땅에 찍어두는 도장, 오래된 도장에는 귀가 떨어져 나간 상처가 있고 회화나무 그늘에는 듬성듬성 얼룩이 있다, 상처 같은 얼룩들이 설렁설렁 옮겨 앉는다, 몸통 큰 그늘의 다리가 짧다, 그러나 아직도 선명하게 살아 있어 콩콩 외발뛰기를 하는 그늘의 태생은 창세기이다,

어머니 품은 그늘져서 아늑했다, 젖내 배인 어머니의 가슴살은 아늘아늘 터서 얼룩졌다, 형에게서 내게로 옮겨온 그늘, 불안한 내 생을 버티어준 그늘

옮겨가는 것은 그늘이 아니라 그늘의 흔적이다, 생전이든 사후든 어머니의 그늘은 늘 거기에 있었다, 회화나무 그늘처럼 그늘이 그늘이라고 명명된 이유가 그것이다, 그늘의 키가 작아졌다가 길어진다, 흐리거나 비 오는 날엔 회화나무 그늘이 사라진다, 젖 뗄 때 가슴에 바른 어머니의 금계랍에선 젖내가 사라졌다, 사라져도 없어진 게 아

니다, 그렇게 있는 것이다, 그늘은 나이를 먹지 않는다, 나이테가 없는 그늘의 단면, 아득한 졸음이 거기로 쏟아진다, 그렇게

손편지

속주머니에 넣어온 마음에는 겹겹의 온기가 남아 있다

우편은 믿을 것이 못돼 인편으로 보낸다, 변질이 염려되어 봉하지 않는다, 못난 육필로 써서 전해온 꼭꼭 마름하여 접은 봉투, 허공으로 증발하지 않고 도착했다

읽기가 난해한 내간체 언문에 싸인
잘 마른 엿질금 한 됫박, 누렁호박 한 덩이
어머니의 보자기에는 시큼시큼 누룩 같은
흘림체의 옛 냄새가 동봉되어 있었다

손길을 보내는 것은 정성을 보내는 것
한 코 한 코 손에 못 박히며 뜬 털실 목도리
자정(子正) 지난 시간
올마다 들앉은 자정(姿情)이 구구절절 애틋한데
생쑥 냄새 나는 마음결 너무 아려
차마 펼치지 못하지, 추운 목 두르지 못하지

마른 나뭇가지 툭툭 부러지는 겨울 긴 밤, 살아 있는 마음을 산 채로 담아 보내온 어머니의 손편지

달빛 아래 춤추는 달필 아니어도
손끝 닳도록 꾹꾹 눌러 쓴 글발이 명문(名文)이다
속에 온기 가진 구들방이다

끈
— 문인수 제8시집 『적막 소리』

그의 이번 시집엔 말없음표가 유독 많다
시인의 말에선 죽음이 참 많다고 했는데*
죽음,……
말없음표는 전사자의 군번인식표를 꿰고 있는 군번줄 같다, 그것도 반쯤 타서 그을린……, 죽음의 증거를 가까스로 붙들고 있는 끈, 가는 끈
적막의 경계를 넘어서 있는 죽음
경계의 이쪽에 있는 주검, 현(絃)이 나누는 경계의
양쪽을 잇는 끈에서 울려 나오는 적막 소리, 고요

천상 시인인 그가
시 가운데서 정적에 이른 것인가**

---

* 문인수 시집, 『적막 소리』, (주)창비, 2012, 121쪽.
** "인간은 시 가운데서 정적에 이른다." : 하이데거가 논문 「횔덜린 시의 해명」에서 처음으로 쓴 명제.

뾰루지 1

속에서 불이 붙었구나
부글부글 울분이 끓어올랐구나
하루가 하루만큼 힘들고
열흘이 열흘만큼 힘든 줄을
이제껏 모르고 살았구나
그나마 애써, 눌러 참는 것을 배웠으니
다행이다
폭발 이후는 모든 것을 빨아들이는
블랙홀이거니

눈부시게 흰 꽃 피던 사월의
설레던 날들은 지나가고
숨 막히는 유월 한낮
긴 가지에 조롱조롱 매달려
터질 듯이 아늘아늘한
앵두알의 긴장

돌부리

뾰족이 내민 돌부리는
사방을 향해 적의를 내뿜고 있다
누구든 와서 그에게 걸리면
살기 띤 눈을 치뜨고
순식간에 상대방을 쓰러뜨린다
얼굴이나 팔꿈치 혹은 무르팍
어디든 가리지 않고 생채기를 낸다
길을 가다가 갑자기
일순에 무너지는 황당한 몰락,
그러나 돌부리는 멀쩡하다
놈의 뿌리가
굳건하게 땅속에 버티고 있기 때문이다
돌부리를 지켜주는
돌의 뿌리

모래톱 2

바람의 손톱을 보았는가

길게 드러누운
겨울강의 허연 몸뚱이에
왕모래를 뿌려대는
저 삭막한 살풀이 의식,
한바탕 돌개바람이
손톱 세워 할퀴고 간 뒤
남은 모래톱의
물결무늬 딱지들

곡절 많은 여인의
켜켜이 쌓인 슬픔 같은
모래톱

바람의 손톱자국을 보았는가

선잠 3

선잠은 누워서도 서서 자는 잠이다

창밖의 어둠 속에서 누가 나를 보고 있다
올빼미는 아니다, 해파리처럼 흐물거리는데
형체가 분명하지 않다
천장에서 날아 내리는 나비의 한쪽 날개가 움직이지 않는다
심근경색이 시작된 나비, 기우뚱한 방의 저편 구석에서
쌩하니 날아오른 모기가 반동 없이 어딘가 내려앉는다
익사의 숨 막히는 공포
흡혈귀는 누군가의 피를 빨고, 나비의 박제가 시작된
안개 속에는 가라앉지 못하는 불안이 숨어 있다
하나씩의 부레를 가진 초조가 연줄 끊긴 연처럼 허공을 떠돌고 있다
비눗방울이거나 어느 축제일의 풍선같이 앞다투어 떠오른다
발걸음과 발걸음 사이, 도처에 도사리고 있는 뱀의
내장 같은 함정이 섬뜩 떠오른다

삭제한 파일 조각들이 휴지통에서 압수수색 당할 수 있다
돌들이 낭떠러지에서 우수수 떨어진다
걱정을 분쇄하는 이 가는 소리가 모질게 방의 어둠을 부수며
더욱 촘촘하게 어둠의 깊이를 파내고 있다
새의 깃털이 부드럽게 나부끼고 있는 저만큼
늪의 진흙이 구물구물 나무들을 빨아들이고 있다
장신구인 양 나무가 늘어뜨린 칡넝쿨이 가랑비를 흩뿌리고 있다
잠의 파도가 넘실대고 누가 차츰 바다 속으로 가라앉고 있는데
문득, 방향도 없이 몰려오는 걱정과 분노가 치솟는다
망치 같은 멧돼지 주둥이가 아버지 산소를 파 뭉개고 있는지 모른다
놈의 배신을 용서할 수 없다
전갈자리에 앉아 있는 독사같이 뾰족한 놈의 얼굴이 가증스럽다
사악한 놈의 공격이 다시 시작되었는지도 모른다

대비해야 한다

곰곰이 생각하는 반격의 자세, 비스듬히 허리 아래로 비껴든
서슬 푸른 진검의 싸늘한 칼날이 제격이다
사방팔방으로 열린 필살의 각도가 머금은 일진광풍이 거기에 있다

뻘밭을 파고드는 갯지렁이 꼬리를 잡아당기는 것처럼
깊은 바닥으로 가라앉던 잠의 꼬리가 이끌려 나와
어스름 속에 어지러이 뒤척이는 선잠의 정체, 정신이 저 혼자 서서 본다

땅으로 기다 1

땅강아지는 땅속에서 산다 넓적한 앞다리로 땅을 파서 흙집을 만들고 눅눅한 곳에서 잠을 잔다 부화한 애벌레는 알껍질을 아작아작 씹어먹으면서 겨울을 난다 눈이 부셔 낮에는 활동하지 않는다 해가 지면 흙집에서 기어 나와 슬슬 움직이기 시작한다 어둠에 흥분하여 두세 시간 날아 다니기도 한다 햇빛보다는 약한 불빛, 시력에 딱 알맞은 거기로 날아가 순식간에 온몸을 덥히고자 한다 그러나 하얗게 부딪쳐 회복할 수 없는 상처를 입기도 한다 온몸에 돋은 털을 벌벌 떨면서 땅으로 떨어져 실신을 한다 버둥거리다가 생을 마감하는 수도 있다

—알맞게 보인 빛은 알맞지 않았다

강아지도 아니면서 강아지라는 이름을 얻은 것만도 감지덕지하며 그냥 흙집에서 살거나 두엄더미 근처에서 땅으로 길 것이지 다 늦은 시간에 날기는 왜 날았는지 몰라

—땅으로 기는 놈은 기어야 한다

목도리 6

캐시미어 목도리는 초원의 풀숲에서 왔다
백악기의 몽골, 티라노사우루스의 꼬리가 일으키는 바람이
음침한 동굴의 횃불이 되었다가
강변의 가로등 불빛으로 숙성되어 어른거리는 보푸라기로 일어선 것이다
몽롱한 산허리에 한 자락 길게 걸렸던 구름이
문득 풀어져 안개로 내린 것이다
숨을 내쉴 때마다 솜털 끝으로 이슬방울이 매달린다
목이 굵은 장수하늘소는 목도리도 없이 사막으로 갔다
거멓게 탄 장판 구들목의 기억이 찻잔 위에서 구물거린다
어디선가 제설차가 와서 무작정 캐시미어를 걷어내지만
은하는 밤에도 땅으로 내려오지 않는다
폭설이 내리는 산간 고지대의 고속도로에서
자동차의 라디에이터가 터진다, 보닛에서 하얀 목도리가 솟아오른다
절박하게 기다리는 견인차는 언제나 때늦게 온다

저녁상에 오른 고양이 고기에서 노린내가 났다
고지혈증과 복부비만의 진단을 받은 지 한참인데
허기진 서가의 책들은 해독이 어렵다
둘둘 감겨진 캐시미어 목도리 속이 궁금하지만 방법이 없다
언 강에서 월동하는 왜가리의 외로운 목은 목도리를 어디에다 풀어 두고 왔을까, 지난여름은
장독에 띄워진 숯이 구토를 느끼는지 울렁거렸다
으스스한 추위에는 계절이 없다
돌돌 만 캐시미어 목도리 속에서 뛰쳐나온 온기가 벌판 끝으로 날아가고 있다
죽은 겨울의 시신들이 삭은 나뭇가지 끝에 주렁주렁 달려 있다
하늘에서 내려온 겨울을 하늘이 조금씩 회수하는 것이다
나는 목도리를 가슴에 두르고 싶어진다

천출

밤마다 아비는 들판 자욱한 참대 밭을 꿈꾸었다. 하늘 끝을 찌르는 아름드리 대나무의 송곳 같은 외줄기들, 쳐다보면 바소꼴 댓잎 사이 먼 하늘이 푸른 물무늬가 되어 아득하니 현기증을 일으키는 꿈이었다. 들판 가득 칼바람 몰려와도 잠시 건들건들 몸 흔들어, 조각낸 바람을 흩어버리는 의연한 기상이 절절히 그리운 날밤이었다.

대낮에도 아비 눈엔 참대 밭이 선했다. 참대처럼 꼬장꼬장 허리 펴고 살았다. 사람들의 곁눈질도 상관 않았다. 참대가 된 아비는 말이 아닌 몸으로 자존(自尊)하였다. 은자(隱者)가 되었다.

새벽들에 나갈 때마다 이리저리 참대 순을 찾아 살폈다. 덩덕새머리 풀숲을 헤집고 설핏 나온 참대 모양 작은 순을 찾은 아침, 아비는 잠시 몸을 떨었다. 혹여, 참대 순이 아니어도 괜찮았다. '참대 밭에 쑥이 나도 참대같이 곧아진다.' 철석같이 믿고 있었다. '참대 밭에 참대 난다.' 그 말이 그 말이지…,

누운 참대 순을 바로 세웠다. 단단한 받침대도 세워 주었다. 받침대가 몸속으로 파고들어가 척주(脊柱)가 될 날을 기다렸다. 그러나 참대 순은 영영 일어설 줄 몰랐다. 자꾸 더 누웠다. 설설 잡풀 속을 기면서 내내 옆으로만 번어나갔다. 아비를 거부하는 반역, 잡풀 속이 그리 좋았을까, 자존(自尊)을 유기(遺棄)한 자존(自存)이었을까,

압화(押花)

나의 질식을 신경 쓰는 자는 아무도 없었다

신문지의 검은 활자가 내 코를 짓뭉개고
기름 짜듯 내 체액을 지긋이 뽑아갔다

롤러를 빠져나오는 국수 반죽처럼 몸이 평면으로 압축되면서
살아온 날들의 부피가 허공으로 빠져나갔다
사지 멀쩡하던 굴곡진 몸체가 허망하게 무너지자
싱싱하고 찬란했던 숨결이 몇 개의 활자들을 데리고 서둘러 나를 떠나갔다

압, 화,
내 의사와는 무관하게 나는 창씨개명 되었고
그들의 무심한 완상에 맡겨졌다

그러나, 숨을 멈추면서부터 편해지긴 했어
나보다 더

일사불란하게 창씨개명한 종이꽃을 보았거던
사무실 의자마다 앉은 그들은 모니터 앞에서
키보드를 치며 전자결재를 하고 있었지

그래도, 나는 너무 오래 살았다
죽은 채로 죽지도 못하고 무망하게 살았다
이제는 사라지고 싶어
누가 나를 갈부수어 가루가 되었으면 좋겠다
흔적 없이 하얗게 망각되고 싶다

잠자리 3
— 교미

짝짓기를 하기 전에 잠자리는 수컷의 꼬리가 암컷의 목덜미를 부여잡고 물가를 저공비행한다 수면 위를 퐁퐁 뛰면서 즐기기도 한다 서로가 서로를 낚아챈 두 개의 개체가 일직선이 되어 편안한 동질감을 맛보는 시간이다 대를 이어 자기를 남길 곳을 함께 찾는 공중 탐색이다 뜻을 합하는 교감(交感)이다

본격적인 짝짓기는 수련잎 위나 풀잎 줄기에 자리 잡으면서 시작된다 먼저 다리를 구부리고 굳건히 자세를 잡은 수컷이 암컷의 목덜미를 움켜쥔 꼬리로 상대방에게 신호를 보낸다 암컷은 앞가슴마디를 벌려 세 쌍의 다리로 수컷의 꼬리를 끌어안고 등을 최대한으로 둥글게 구부린 후 뒤집혀진 온몸이 허공에 뜬 채로 꼬리 끝의 생식기를 수컷의 배에 있는 생식기에 들이댄다 말 그대로 꼬리와 꼬리가 둥글게 이어지는 교미(交尾)이다 변형되어 더욱 아름다운 하트 모양이 된다 공중급유를 하는 항공기의 파이프처럼 연결된 꼬리와 꼬리가 파르르 떨린다 생명의 벼름이며 교류(交流)이다 사랑의 완성인 교미의 떨림은 한참 동

안 파문으로 번져나간다 먼 산이 가볍게 흔들린다

법열에 떠는 성스러운 짝짓기 의식이 끝나고 나면 암컷은 충만감이 채 가시기도 전에 수생식물이나 물속에 알을 낳는다 쏟아내듯 줄줄 알을 낳는다 그리고는 금방 죽고 만다 할 일을 다한 생(生)의 장렬한 종지부, 영원한 잠자리에 드는 잠자리, 온 데로 돌아간다

꽃과 열매의 거리 5

이슬이 맺히듯, 한이 맺히듯
아름다움은 그 절정에서 둥글게 맺힌다
열매이다

산의 꼭대기는 뾰족하지만
산정의 설렘은 파문처럼 둥글게 번져 나간다
사랑하다 맞는
이별은, 떨어져 굴러가는 미숙한 열매이다
하늘 끝의 고아인
너는 절정의 둥근 달을 가지고 있다
흐린 그믐 낮달로 무너져 가는
점점한 슬픔의 꼭지를 안고 있다

없는 완성을 찾아가는 길은, 멀고 슬프다

꽃피우지 말아야 한다
어쩌지 못해 꽃을 피웠거던
열매 맺지 말아야 한다

이래저래 열매 맺었더라도
완숙으로 가지는 말아야 한다

거리(距離)를 벗어나면 외톨이가 되는데
외로워야,
너는 너로 남는다

해무

바다 아닌 곳, 안개 끼지 않은 앞길이 없다는 걸 알아

그럼…, 바다엔 늘 안개가 끼어 있지
기상 위성은 밤과 구름을 투시하여 지상으로 통신을 보내오지만
출항계에 찍히는 스탬프 그늘에는 늘 해신(海神) 부적이 숨어 있어

지금은 닻을 내리고 정박하는 수밖에 없지
지뢰처럼 터져 비산할 한 치 앞의 암초를 분별할 수 없으니까
그래도 조류(潮流)는 우리를 데리고 어디론가 갈 거야
바다 깊은 아래서 바람은 불고
좌초는 우리의 선택을 넘어서 있어

바다의 생애가 훈증 너머에 갇혀 있다는 걸 알아야 해

지연(紙鳶)처럼 펄럭이며 따라오던 바닷새는 모두 어디

로 갔는지

수평선과 분분한 섬들이 사라지고 외로움의 그늘만 연기처럼 남았다

선수(船首)가 지워지고 사방 분간이 지워졌다, 자침(磁針)이 흔들리는 나침반

때 아닌 곳에서 우두커니 서버린 시간

정적은 엄마가 보이지 않는 오후의 대청처럼 무서워

등대는 맑은 밤에나 소용에 닿는 불빛을 내지 달빛이나 별빛은 모두 솜이불 속으로 들어가 묻혀버렸어 혹등고래의 혹 같은 돔을 뒤집어쓴 월드컵경기장 백 미터 트랙에 땅강아지 한 마리 엎드려 있는지도 몰라 빗살처럼 하얀 수염의 방향을 잡아주던 북두칠성이 침몰했겠지 아무리 날아올라도 이미 그건 퇴화하는 날개일 뿐이야 해안은 이미 무너졌어

너의 옆엔 지금 나밖에 없어

우리가 너의 안개를 벗겨줄 순 없어

안개 속에 내일이 있다는 건 시간을 건축한 사람들이 만들어 놓은 환상이야 네가 내일 살아 있다면 그것은 내일이 아니라 안개 낀 오늘인 거야 설령 내일이 실제로 있으면 뭐 해 네가 거기까지 갈 수 있을지는 아무도 모르는 걸 안개 속의 항해잖아

정박에 안간힘을 쓸 필요는 없어
출근길의 지하철 승강장처럼 우리는 모두 떠밀려 가는 거야
기껏 오늘에서 오늘로 가는 거야, 거기서 돌아오는 거야

기도는 안개 너머로 날려 보내는 종이비행기 같아
축축이 젖어서 내려앉은 자존심이 입 다물고 소리 내는 복화술이야
해무로 밀봉된 바다에서는 모든 일이 다 부질없는 짓이지

봄꽃 한 송이 피는 일은 곧 봄꽃 한 송이 지는 일인 거지, 뭐

제2부 바람이 끈이다

제비꽃 1

제비꽃 피어도
제비 오지 않는다

파르르,

배신감에 떨리는
자줏빛 얼굴

바람이 끈이다

옮은 웃음, 웃을 만큼 웃고 났는가 생의 절정에서 벚나무 가지를 떠난 꽃잎들 이리저리 몰려다닌다 새잎 나올 무렵, 가장 아름다울 때 떠난 저들은 스스로 처할 자리를 안다 낮고 구석진 곳, 별리의 잔해가 떠도는 거기, 봄밤 명지바람에 여생을 의탁한 것이다 높은 가지와 낮은 꽃잎 사이, 하르르 나는 꽃잎과 꽃잎 사이, 구르는 꽃잎과 쌓이는 꽃잎 사이, 거기 부드러운 바람이 한 올씩 묶여 있다 그랬구나, 낙화의 실마리는 바람이었구나 나비를 몰고 다니는 바람이 끈이다 곱고 감미로운 쫀드기 같은 끈이다 저 끈, 봄비 내려도 녹지 않을 점성(粘性) 있다

봄강 1

봄을 맞은 강심에서 배를 멈춘 사내는 뱃전에 앉은 가마우지를 차례차례 물속에 투하했다. 놈들은 모선을 따라 앞다투어 헤엄쳤다. 사내가 긴 장대로 놈들을 흩어놓자 가마우지 군단은 일제히 물살에 내리꽂히며 잠수했다. 잠시 후 저만큼 앞에서 물을 박차고 솟아나온 놈들, 갈고리형 긴 부리에 황금빛 비늘 번쩍이는 잉어가 물려 있다. 사내가 뜰채로 낱낱이 잉어를 거두자 놈들은 뜰채 테두리에 앉아 푸득거리며 균형을 잡았다. 푸른 자주색 광채가 나는 놈들의 죽지, 반사된 햇빛이 하늘 끝으로 섬광처럼 솟구쳐 올랐다. 가마우지는 초록 눈동자만 번득였다.

온몸이 간지러운 봄강이 연한 속살을 부르르 떨었다. 배가 기우뚱했다. 잉어를 낚아채는 사내의 무심한 팔뚝에서 푸른 정맥이 꿈틀거렸다. 강둑을 어루만지는 바람결에 강아지풀이 간들거렸다. 몸을 연 봄강, 황홀하다.

처음 가는 길

막힌 사각의 방, 벽 앞에 앉은 중년의 엄마는 손 안의 스마트폰을 보면서 보이지 않는 그물을 타고 올올이 날았다. 현기증 또는 멀미 이는 설렘이 잠자리 날개처럼 떨고 있었다. 극락조의 긴 꼬리가 일으키는 바람소리 사이로 구름이 푸석푸석 무너지고 있었다. 남쪽의 외딴 섬에 접속된 것이다. 줄지어 선 가로수의 부러진 가지, 외로움이 별처럼 떠 있었다. 모성의 오래된 이불보를 꺼내 햇볕에 널었다.

길이 어디든 나서면 첫길이다. 날마다 새 길, 낯익은 것을 찾아가는 낯선 길로 그가 올 것이다. 건장한 어깨에 앉은 바람 한 점 따라올 것이다. 바람에는 싱그러운 살내가 묻어 있을 것이다.

집을 들고 집으로 간다. 출렁이는 물빛에 발 담근 새순이 막 돋아난다. 또 봄이다.

미쳤다.

속 6

우물 속으로 낮달이 투신하는 것을 보았다 해쓱한 얼굴에 푸른 옥양목 치마를 뒤집어쓴 그녀, 내 그럴 줄 알았다 너무 일찍 나선 것이 화근이지

먹장구름이 몰려오고 우물 속으로 들어간 사람들은 낮달의 시신을 끝내 찾지 못했다 얼마 후 영혼결혼식이 치러졌다 그녀 혼백은 굿판에 아예 나타나지 않았다 사람들이 속으로 혀를 내둘렀다

오월의 창

푸른 바람이 향기롭다
문득 들어서는 오월
투명한 초록이 눈부시다

청보리밭 사이로 난 황톳길 끝에는 유채꽃 노란 물감이 통째로 쏟아져 있었지, 고흐처럼 울렁거렸어

보내기 위해서가 아니라
먼 그대를 맞이하기 위해서
오월엔 창을 열어야 한다
솟아나는 초록의 숨결로 빈방을 채우기
위해

발이 큰 새가 찍어놓고 간 발자국 흔적
첫사랑, 지워지지 않는 낙관처럼 부각된다
햇빛에 마주서서 비추어보면
사라진 것들의 모습이 마법처럼 돌아오는 한낮

오월의 창에는
물비늘 가르며 튀어 오르는 민물고기의 지느러미가
좌르르 뿌리는 물방울이 싱싱하다

반짝이는 햇살이 몰려와서 스카이콩콩을 뛰는
창유리 위에
뭔가 이제는 될 것 같은 느낌이 걸린다, 깃발처럼
세상이 온통 푸르다
숨이 트인다

우산 1

붉은 꽃무늬 우산 하나 가지고 싶네
떨어지는 것은 떨어지는 대로 흘려보내고
남은 빗방울 몇 개 굵은 구슬처럼 달고
무지개거나 뭉게구름이거나 그런 것을 생각하는
비 온 후의 목단 꽃잎 같은 누나
책가방 들고 우산 안으로 들어올 것이네
버짐 같은 물구덩이를 피해
발아래 굵은 지렁이 꾸물거리고 아릿한 흙내 사이
종아리 흠뻑 젖어도 좋으네
쇄골 위에 얹힌 그녀의 두 갈래 땋은 머리채
익은 머루처럼 까맣게 반짝이면 되네
비 오는 날은 좋아
굵은 장대비 오는 날, 길갓집 양철지붕 부서져라 두드리는
빗소리 요란한 날은 더 좋아
싸한 토마토 잎 냄새가 났어, 포플린 블라우스 어깨에서
오래 머물고 싶은 향기 피었지
푸른 나뭇잎 같은 날개가 돋아 새가 되는 그녀를 보며

나는 비 오는 날에 중독되었어
붉은 꽃무늬 우산 하나 가지고 싶어
오래
펼쳐 들지 않고 고이고이 접어 둘 것이야

하지 1

개의 혀가 붉은 능소화처럼 늘어졌어
숨을 헐떡이는 소의 눈동자가 풀어졌어
해가 지지 않는 오늘 같은 날은 싫어
도대체 밤이 오긴 오는 거야
설레는 한 주를 보내도 푸른 행운은 번번이 빗나가고
이제 기다리는데 이력이 났어
설레지도 않아
그럼, 내게 왔을 때만 너는 내 여자야
문을 나서고, 꽃잎처럼 날려 가는
지구 끝에서 온
너를 붙들고 있으면 안 되지
새는 날아야 새가 되는 거야
정말, 왜 이리 긴 거야 오늘은
옛날
싫은 과목의 끝나지 않는 수업시간 같아

맨드라미

치켜세운 목을 조악거리며 수탉 한 마리 마당 가운데로 나서고 있다 붉은 볏을 세워 가볍게 흔들며 푸른 물이 나도록 허공을 톱니로 썰고 있다 오종종한 병아리들과 둔부가 통통한 암탉 두어 마리, 부챗살처럼 벌어져서 뒤따르고 있다 관은 높은 곳에서 권위를 거머쥐고 널리 떨치는 것, 수탉이 목을 젖히고 한껏 큰 소리로 길게 울었다 아래채의 초가지붕 마른 볏짚이 가볍게 흔들렸다

볕살 끓는 우물가 맨드라미 한 그루 실하게 서서 검붉은 계관(鷄冠) 일렁이고 있다 한가득 머금은 자잘한 씨앗 까맣게 공중으로 금세 흩뿌릴 것 같다 푸른 대숲이 일제히 허리를 굽히며 맨드라미 쪽으로 몸을 돌린다 지렁이처럼 대숲을 빠져나온 바람 한 줄기, 맨드라미 꽃술 부근을 서성인다

살갗 따가운 팔월 땡볕 아래 사랑이 익는다 씨 맺은 사랑은 벼슬이라도 한 양 머리에 관을 쓰고 우쭐댄다

아름다운 슬픔

꽃을 본다
만개한 꽃의 슬픔을 본다

앉은뱅이, 앉은뱅이
제자리에 붙잡혀서 피는 꽃

바람이 와서 자주 흔들고 가지만
따라 나서지 못하는 꽃은 그저, 거기 서서
슬프게 몸을 떤다

자유를 꿈꾸는 낮은 신음, 감당할 수 없는
신열로 꽃은 속에서부터 몸부림치며 피고
춤, 춤추는 슬픔은 아름답다,고 우리는 명명한다

절정은 소실점이다
돌아앉아 흘리는 눈물 사이로 보이는
까마득한 소망의 증발 지점이다

남남으로 있는 모래알처럼 말라 있는 것이 아니라
수챗가에 선 분꽃은 발이 젖어 있어 꽃을 피운다

무릇, 만개한 꽃의 슬픔에는 오래된 물기가 있다
물기에 젖어 있는 모든 것은 아름다운 법,
슬픔의 찬란한 물방울은
저만큼 밀어내놓고 보아야 반짝인다, 투명해진다

꽃의 만개는 기쁨이 아니라 슬픔이다
처연하게 아름다운 슬픔, 슬픔으로 보인다

가슴에 감치는 모습

가슴에 감쳐져 사라지지 않는
얼굴 하나 없는 사람
누가 있겠는가

사람이니까 사람을 만나고
살아 있으니까 사람을 만나고
이렇게 저렇게 만나다 보면
화인처럼 문득 가슴에 찍혀
잊히지 않는 사람 하나
어찌 없겠는가

검은머리방울새도 겨울이면 되돌아와
산의 숲에서 아름답게 운다
새가슴에 감쳐 얼어붙은 산야가
눈발처럼 풀려 나오는 소리, 서럽다

서러움이 감치는 곳이면 어디나
절절한 그리움이 있다

뼛속까지 파고드는 회한이 있다
쩡쩡 얼어붙은 강의 얼음장 아래로 흐르는
아직은 살아 있는 생(生)이 있다

살아가면서 가슴에 감치는
모습 하나 없는 사람
어디 있겠는가

갤러리에 갇힌 풍경

장면모드를 일몰로 바꾸고 붉은 강물에 내려선 검은 산과 회색 나무의 잔가지들, 길게 걸린 주홍빛 구름자락 끝에 매달려 서산 너머로 떨어지는 석양, 풍경을 촬영했다 잘라낸 풍경은 스마트폰의 갤러리에 자동으로 저장되었다 강도 산도 이제 꼼짝없이 메모리에 들어가 버렸다 푸른 하늘을 품어 안고 푸른 물이 들어 쉬지 않고 꿈틀거리던 풍경이 홍조 띤 절정의 표정으로 정지해버린 것이다 숲의 새나 강의 물고기 떼는 따라 들어오지 않았다 생명이 빠져나간 풍경의 연한 껍질 하나를 벗겨 코딱지만 한 마이크로 SD카드 속에 가둔 셈이 된다 가슴이 빈 날은 죽은 그것들을 불러내어 나는 눈으로 어루만질 것이다 사랑을 독점한 권력자의 쾌락을 누릴 것이다 바보처럼

파지

어탁을 뜨듯 마음의 윤곽을 받아쓰기만 했다
보태거나 뺀 것은 없다
그러나 나는 찢어져, 끝내 버려졌다

부서진 내 몸속, 파편으로 남은 그녀의 한때가
죽지 못하고 살아 있는 것은
궁극적으로
내 잘못이 아니라 그녀 잘못이다

자기가 자기 맘에 들지 않았던 그녀의
먹점
그녀가 버린 어제인, 내가
바람벽의 철지난 광고지처럼 휴지통에서 탈색하고 있다
떨어져 썩어가는 꽃잎 같다

꽃이고 싶어 꽃으로 피는 꽃이 있겠는가
낙화이고 싶어 낙화한 꽃이 있겠는가

아궁이

빨려 들어가면서 불은 비로소 불꽃이 된다
불붙으면 무엇이든 꽃으로 핀다

군불을 때면서 들여다본 어린 날의 아궁이, 샐비어처럼 붉디붉던 아가리, 얼굴을 덮치던 화끈한 열기, 나는 그때 벌써 사랑의 정체를 보았다

나무란 나무는 모두
가장 밝고 뜨거울 때 꽃이 되어 분간 없이 달려간다, 어둠 속으로
굽이굽이 돌아서 나가는 깊이가 가늠되지 않는 어둠의
미로엔 흡입력이 센 여울이 숨겨져 있다
빨대의 비스듬한 꼭대기에는 굴뚝새가 와서 겨울 추위를 녹일 것이다, 점점한 붉은 꽃잎에서 얻은 맑고 높은 소리로 암컷을 호릴 봄을 맘껏 기다릴 것이다

꽃이 피었다가 지고 다시 피는 아궁이의 잿불 속에서
묻어둔 감자 두 알을 꺼냈다, 까맣게 탄 껍질이 숯이다

숯검정 껍질을 덕지덕지 벗겨내면 뜨겁게 파삭한 속살이 당신의 연한 입술을 노리고 있다, 맹수처럼

구들장을 지나는 불꽃의 체열로 당신의 방은 따뜻한 법인데
다 타고 남은 재가 꿈꾸는 환생의 불꽃, 사랑의
거처인 아궁이가 식어가고 있다, 사라지고 있다
간빙기가 끝나고 소빙하기가 몰려오고 있다

불길

샐비어 꽃처럼
타오를 수 있을 때 타올라라
살아 있으니까 불타는 것이다
마당에서도 훨훨 타오르고
부엌에서도 화르륵 타올라라
밤의 상수리나무 밑에서도 불길은 인다
한적한 도로변 자동차 안에서도
불길 반짝이는 것을 본 적이 있다
불똥이 튀어 올라 허공을 나르면 고추잠자리가 된다
하늘 높이 올라 머무는 가장 가벼운 눈물이 된다
하느님은 자상하시다
너무 거센 불길이 일면 물을 뿌리시는 하느님
숨 돌릴 틈새가 세상에는 있다
불타다 지치면 해바라기처럼 고개 숙이면 된다
타오를 수 있을 때 타올라라
초록의 바다에서 불타고 있는 석류꽃처럼
맹렬하게, 망설임 없이 타올라라
살아 있으니까 불타는 것이다

누구에게나,

불탈 시간은 그리 많이 남아 있지 않다

조약돌 사랑하기

강마을에 인접한 갈수기의 샛강에서 데려왔습니다 하얀 모래에 반쯤 얼굴을 묻고 까맣게 반짝이던 그녀의 얼굴, 그 조그만 얼굴이 하얗게 웃을 때는 까무러치게 곱고 매끄러웠지요 책상 위 가까이에 두고 지금껏 함께 살았습니다 강심의 뜨거운 다비식에서 나온 사리 같은 그녀를 나는 손에서 놓지 않고 지냈어요 책을 읽다 쉴 때면 바로 그곳에 얼굴을 대고 그녀는 글쓴이를 붙들고 있었습니다 덕분에 나는 행간에서 길을 잃지 않았어요 미로 같이 얽힌 책 속의 길을 가까스로 빠져나올 때도 있었고요 동백기름 발라 쪽 지은 머릿결처럼 흑청빛으로 반질반질해진 그녀의 전신엔 기실 내 손때가 깊이 배어 있어요 나 죽어 염습을 할 때 수의 속에 넣어 달랄 요량입니다 어느새 그녀는 저승까지 같이 가고픈 동반자가 된 거지 뭡니까 다 놓고 이승을 떠나면서도 그녀만은 포기할 수 없는 거지요

제3부 가을 안개가 지나는 왜관 점경

청로샘

왜관 구장터쯤에 청로샘이 있었지
벽이 트인 사각의 양철지붕 천정에 녹슨 도르래가 걸리고
물이끼 축축한 돌벽 안, 보이지 않는 시커먼 바닥에서
줄에 매달린 두레박으로 물을 퍼 올렸지
동짓달 김장 담그는 날이나 장 담는 정월이면
하루 종일 물지게를 지던 어린 내가 있었지
저고리 섶 불룩하던 누나들 머리채 위에서
찌르륵 찌르륵 흔들리며 울어대던 도르래 소리, 정겹게
푸른 물빛에 녹아들던 젊은 웃음들
더러 투명하게 아늘거리는 물벌레가 따라 올라왔지만
궁해도 맑고 신나는 날들이 축축하게 불끈거리던
왜관 구장터쯤에 청로샘이 있었지

돌밭 가는 길 3

흙먼지 날리며 타박타박 오르던 언덕길을 다시 간다, 지금은 포장된 도로 옆으로 찔레넝쿨이 없어졌다, 싸하니 코를 뚫고 가슴으로 파고들던 찔레꽃 향기도 없어졌고, 낙동강을 도하한 인민군의 해골이 숨어 있던 도랑의 풀숲도 없어졌다, 이 길 오르면 아홉 덩이 바위가 있어 이름도 돌밭(石田)인 마을이 있다, 광주 이씨가 우거(寓居)하여 세거지지(世居之地)로 삼고 먼저 자리 잡은 벽진 이씨와 아랫돌밭 웃돌밭으로 오순도순 살아온 옛 고을이다,

구왜관이 있던 백포산성터는 강 건너에 있고 이쪽에 있는 소읍 왜관의 시가지도 저 아래이다, 높은 곳에서 아래를 바라보는 곳이라 하여 '관터'라고도 불리는 이곳에서 벽진 이씨, 광주 이씨 양반네 선조들은 낙동강을 거슬러 올라가는 왜인들을 보며 망연했을까, 왜인들이 물러가자 뒤이어 미군들이 널널이 들어오고 기지촌이 자리 잡을 때 그들은 또 무슨 생각을 하였을까

수난의 땅, 가운데 자리 잡은 돌밭의 발치로 경부선 열

차선로가 놓여 있다. 낙동강 철교를 쿵쿵쿵 건너와 자고산 기차 굴을 빠져나온 완행열차는 늘 기적을 울리며 풀썩풀썩 허공으로 연기를 쏟아냈다. 워크라인*을 밀고 밀리며 산화한 피아간의 병사들, 차마 떠나지 못한 영혼들이 그때마다 벌떡벌떡 일어나곤 했다.

언덕배기를 지나면 금방 문양할매 대갓집이었다. 집 뒤쪽으론 너른 과수원이 아득히 열려 있었다. 날아갈 듯 들어 올려진 부연에 기가 죽으며 들어서는 기와집 안채에는 문양할매가 안방 아랫목에 앉아 있었다. 단아한 한복 차림의 눈이 크고 얼굴이 맑은 문양할매는 까치가 파먹다만 사과를 내와서 깎아주었다. 문양할배의 사랑채에선 간혹 헛기침 소리만 들려왔다.

돌밭 사과가 핏빛으로 익는 이유를 그때 나는 모르고 있었다.

---

* 워크라인: 한국전쟁 발발 직후인 1950년 8월 1일 미군의 워커 중장이 설치한 낙동강 방어선.

개망초 9

하대하여 부르는 설운 이름이지만 정작 그들은 서러움을 모른다 하루만큼 자라고, 핀 꽃 질 때까지 이어가면 그만이다 남들이 천하다면 어떤가 끈질긴 야생으로 끼리끼리 모여 오순도순 살아가는 개망초, 시장통 모퉁이 반월이용소 거울에는 하루에도 몇 번씩 개망초가 핀다 장날도 무싯날도 핀다 이발사 소달희 사장도 개망초꽃이다 왜관컴퓨터세탁소 앞 노상에서 보자기를 펼쳐놓고 푸성귀를 파는 닥실할매, 생선 내장을 하루 종일 파내는 외팔이 구씨, 모두 개망초꽃이다 캠프캐럴 담장 밖에도 개망초는 핀다 고엽제를 묻었든 말았든, 다이옥신이 검출되든 말든 아무것도 모르고 지하수를 퍼마시며 개망초는 핀다 옆집, 뒷집, 앞집 사람들이 암으로 죽어 나가도, 얼굴 두꺼운 정치인과 관료들이 부산을 떨며 다녀가도 그러려니 하고 개망초는 핀다 헛욕심 부리지 않고 맘 편하면 된다면서 작은 얼굴에 보오얀 웃음을 내건다 자잘하게 뜯어놓은 이불솜 조각 같은 얼굴을 바람이 밟고 지나가면 물결처럼 누웠다가 느긋이 일어난다—나는 이렇게 내 생을 살고 새끼들은 멀리 멀리 퍼져나갈 것이니, 너희는 너희대로 너

희 삶을 살아라 깜깜하게 눈먼 너희 길을 가거라—도솔
천으로 오르는 개망초 하얀 이승의 행렬

나들목

거기, 줄장미가 있었네
도닥도닥 봄비 내리는데
방호벽 위 철망 가득, 초록
물감이 마구마구 기어오르고 있었네
검자줏빛 설운 입술들 소복하게
폐지처럼 떨어져 젖고 있는
경부고속도로 왜관IC 출구
흑인병사가 운전하는 진초록빛 군용트럭을 타고
오래전에 빠져나간 기지촌의 여인들
말간 앞가슴 깊이 팬 장밋빛 원피스를 입고
양담배를 쉼 없이 피우며 떠난 그녀들
아무도 후일담을 모르네
굴뚝에서 갓 나온 족제비 같은 승용차들, 매끄럽게 드나드는
그곳 언덕바지에
하얀 충혼탑이 산정의 고사목처럼 서 있는데
며칠 전엔 이팝꽃이 만발했는데
지금은 공사 중

덧씌우기 포장을 하고 있는, 거기
방울방울 빗방울은
왜
연한 가시 끝에 집착하는지

가을 안개가 지나는 왜관 점경

강을 품고 있는 이 도시엔 안개경보가 자주 내린다
말발굽 소리도 없이 야음을 틈타 도강한 기마군단의
젖은 갈기 사이로 뿜어내는 말(馬)들의 자욱한 숨결이
순식간에 도시를 덮어버리면
안개 속에서 일어나는 일은 아무도 알지 못한다
모래알을 씹는 듯한 이름, 왜관이 순식간에 사라지고
혀에 박힌 생선가시 같은
담장 높은 캠프캐럴이 궁금해도 어쩔 수 없다
격전지 자고산과 구철교는 잠시 추안거(秋安居)에 들어
간다
웃개와 아랫개, 갱빈에서는
맨발로 나선 사람들이, 사라진 과수원 길로
흘러내린 날들을 버려둔 채 달려가고 있을까
자갈이 뒹구는 비포장도로 위로
덜컹덜컹 끌려오는 소달구지 소리가 들린다
구장터쯤에서 날아오른 장꾼들의 우렁우렁 말소리가
안개 속으로 녹아내린다,
안개가 구렁이처럼 빠져나가는 정오쯤 되자

여우골에서 수도원 앞으로 뚫린 새 길의 은행나무
줄지은 가로수가 샛노랗게 물들었다
안개 속에서 이루어진 은밀한 채색이다
금방 벗기 위하여 차려입은 곱디고운 성장(盛裝),
노랗게 질린 얼굴로 떠나는 모습은 슬프다
순수를 향하는 눈부신 길목
떨어지기 직전의 자태는 그러나 성스럽다
밤실 사람들의 밤 수확은 끝이 나고
숲데미산의 숲 그늘은 가벼워졌을까

신발 3

출입할 일이 있으면 하루 전에 어머니는 하얀 코고무신을 씻었다, 짚수세미에 검정 비누거품을 내어 신바닥까지 보얗게 씻어 대청마루 구석에 세워두었다, 밤새 물기가 빠지고 뽀송뽀송해진 하얀 코고무신, 테두리를 돌아 코끝까지 이어진 연하늘색 선이 그리 미끈하고 고울 수가 없었다, 그 신발 신고 어머니 신작로로 나서면 혼자 남은 나는 가슴 한 구석이 찌릿했다, 어머니 이승 떠날 때 그 신발 함께 넣어 보내고 수십 년, 아직도 한 번씩 가슴 찌릿하다,

손의 비밀 1

허공을 한 줌 움켜쥐었다

연기처럼 빠져나가는
우주가 한 움큼이다

밤마다 손금을 타고 흐르는
귀뚜리, 명주실 같은 소리
아무도 듣지 못했다

해금을 켜던
운명선이 휘어 있었다
속으로 꼭 감추었다

손의 비밀 2

그는 역한 냄새를 내면서
죽어서도 꿈틀거렸다, 불편한 낮과 밤
물줄기를 움켜잡아도 물고기처럼 빠져나가는 분수
푸른 솟구침의 힘찬 기운을 쫓아
나는 늘 아궁이 속에 손을 집어넣었다
자주 화상 입는 손으로 밤늦은 마당에 들어서면
어김없이 엎드려 있는 흑갈색 커다란 두꺼비
음력 오월, 바위 같은 손으로 보리타작을 하는 날은
하얀 전등불 아래
졸참나무 숲에서 별들이 쏟아졌다
그는 다 여문 도토리 같은 실토를 구했고
나는 내가 가꾼 꽃밭의 꽃들을 기억하지 못했다
검은 동굴 속에 사는 자는 색깔의 설렘을 알지 못한다
색맹인 짐승은 울부짖을 줄만 아는 법,
솜이불을 덮어쓰고 아무도 몰래 흐느끼던 어린 시절처럼
나는 손으로 입을 틀어막으며
황토마당처럼 온몸으로 길게 소낙비를 맞았다
침묵은 자존의 성벽이다, 견고한 성문이다

흔들리는 숲에서 아이들이 떨고 있을 것이다
들판에는 제비꽃이 가득가득 피어나고
옛집 윗방엔 쥐가 문설주를 갉고 있었지
맹수가 되어 손으로 손을 잡는 멀쩡한 날들
나는 이제
그의 여자가 아니라 어미로서만 살 것이다
때 되면 부는 바람자락 외면하지 않을 것이다
이미 가을도 지나가 버렸다
생의 척추가 와송(臥松)처럼 굳어버린 지금

똬리 2

먼 일가붙이 와룡아재가 늦은 장가갈 때 어머니는 도토리묵을 쑤었다 도토리가루를 담은 자배기의 물을 여러 번 갈아 떫은맛을 우려낸 뒤 가마솥에 불을 지펴 나무주걱으로 젓고 또 저어 걸쭉한 묵이 되면 함지에 퍼 담아 식혔다 어린 나는 구경만 했지 맛도 못 봤다

다음날 아침 일찍 어머니는 쪽진 머리에 똬리를 받친 뒤 함지묵을 이고 길을 나섰다 한 손에는 한사코 따라붙는 어린 내 손을 쥐고 다른 손으로는 함지를 잡은 채 언강 얼음장 위를 건너 사십 리 먼 길 걸어 아래홈실로 갔다 개울가 촌길 마른 풀잎 위에 앉아 잠시 한숨 돌릴 때 나는 너덜너덜한 똬리를 손목에 끼우고 큰 팔찌처럼 빙빙 돌리며 놀았다 어머니가 집안을 떠받치는 똬리인 것도 모른 채 까맣게 코를 훌쩍거리며 놀았다

착시, 울안의 돌배나무 2

황학리 61번지, 처가 곳으로 이주한 십대조 할아버지는 울부터 쌓았다, 산 깊어 횡횡하게 출몰하는 산짐승, 크고 작은 아가리로부터 식솔들을 지키느라 울타리부터 튼튼히 한 것이다, 처음에 돌배나무 밖으로 경계를 지은 것인지 나중에 돌배나무를 패다 심은 것인지는 알 수 없다, 돌배나무 그늘에 초당을 짓고 문하생도 없는 서당을 열었다는 구전만 있다, 할아버지는 돌배나무를 세워놓고 강론을 하신 것인가, 울안의 돌배나무는 철이 들면서 자꾸 엄전해졌다, 경전의 말씀들을 묵언으로 다스려 몸집 부풀고 키가 자꾸 컸다, 생을 마친 할아버지는 돌배나무 속으로 들어가 돌배나무가 되었는가, 자손들은 크게 번성하지 못하고 꼬들꼬들 대만 이어가다가 십대손에 이르러 겨우 가지가 벌었다, 지금은 마을 초입, 삼백 년생 돌배나무 안에서 십대조의 기침소리가 난다, 꼬장꼬장한 강설이 새어나온다, 깡마른 할아버지가 거기 앉아 있다, 삼백 년간의 좌정이다

아카시아꽃 1

아카시아 나무껍질은 할머니 손등 같다
흙먼지 풀풀 날리는 멀건 언덕에서
땅 밑으로 질기게 뿌리 벋으며
모진 생명, 바람 앞에 마주서는 강단(剛斷),

홈실할매는 나이 스물다섯에 홀로 되었다 무오년(戊午年)을 휩쓴 스페인 독감으로 남편과 시어머니를 하루 사이로 먼저 보내고 4대독자 한 살배기 외아들과 시아버지, 달랑 세 식구만 남아 쇠락하는 가문을 붙들고 버텼다 장하게도 꼬장꼬장 일으켜 세웠다 여든 해를 일기로 세상을 떠난 시신을 염습할 때 꼬부라진 등뼈에서는 뚜둑뚜둑 소리가 났다 결빙된 고초가 구슬처럼 부서지는 소리였다 조선환여승람 이십삼 쪽에 효부 이씨로 올라 아직까지 살아있는 홈실할매,

힘이 들었는가, 무겁게 늘어져 있는 아카시아꽃 주저리, 그러나 무성한 밀원 이루고 있다 줄기 벋고 가지 벋는 자손들, 할머니의 결기와 노고가 저리 새하얀 꽃초롱 향초

롱으로 오목조목 달린 것이다 멀리 가는 향 자욱하게 쏟
아놓는 것이다

탈 6

동짓날 어머니는 부엌에서 팥죽을 끓이고 어린 나는 북풍 맞받는 부엌문을 자꾸 기웃거렸다 하늘은 찌푸려 있었고 헐렁한 옷깃 사이로 바늘바람이 파고들었다 설설 끓는 팥죽솥을 저으며 붉은 소용돌이 속으로 새알심을 떨어뜨릴 땐 퐁퐁 푸른 종소리가 났다 식구들 무탈하라고 맨 먼저 뜬 죽사발을 조왕전에 올리고 어머니는 지레 펀 팥죽을 칠기 벗겨진 소반에 얹어 내게 주었다 하얗게 피어오르는 김을 후후 불어가며 붉은 물이 든 쌀알이랑 새알심이랑 떠서 나는 허겁지겁 먹어치웠다 식구 가운데 가장 먼저 두 그릇이나 먹었다 입천장이 화끈거렸다 다음날까지 울컥울컥 생목이 치밀었다 과식으로 부풀어 오른 배가 쉼 없이 울렁거렸고 나는 마침내 한 이틀 배탈이 났다 할머니는 바가지에 샘물을 떠서 숯을 띄우고 식칼을 담근 채 방으로 들어왔다 나를 눕히고 뜨거운 이마에 비스듬히 열십자를 긋고는 그 칼 내 입에 물렸다 어금니와 아랫니 사이에 낀 칼날, 섬뜩하게 입술에 닿은 차가운 칼등으로 바가지의 물 두어 방울 흘려 넣었다 목젖 시린 그 물방울, 식도를 타고 내릴 때쯤 할머니는 대문을 향해 그 칼 냅다

던졌다 칼끝이 대문 밖을 향해 드러누우면 나는 곧 씻은 듯이 나았다 탈을 물린 것이다 일 년 탈을 모두 막는 팥죽을 먹고 생긴 탈을, 식칼로 물리면 대문 밖으로 일순에 물러나던 배탈

분꽃 일가

묵은 청태 낀 돌담을 돌아가면 울안이 있지
울안엔 붉고 흰 살을 붙인 일가붙이들이 살고 있어
마당가의 그들은
느지막이 핀 꽃이 아침까지 가는 것을 알았어
어두워지기 전에 저녁밥을 해먹고
허리가 긴 대숲 사이
달이 뜨면 수줍은 얼굴들에 생기가 돌았지
마당에는 모깃불 생쑥향 울컥울컥 솟아오르고
적삼에서 젖내 풍기며
마실 온 아랫집 아낙의 걸쭉한 입담에 거품 일면
감나무 두터운 그늘 아래 구렁이가 똬리를 틀고 있었지
밤 구렁이는 무섭지 않아, 어둠을 누르는 지킴이거든
긴 담뱃대 물고 앉은 할머니 같아
날 받아놓은 누나는 여울 같은 가슴이 회돌이 쳤을 거야
검게 여문 씨앗 하나 빈손으로 또르르 떨궈 보내는
어머니의 숨결에선 때 아닌 겨울바람이 일었겠지
한 가지에 피어 문득 먼저 진 분꽃, 노랑과 분홍 꽃잎들은 물결부전나비가 되었을까

도회로 나가 소식 끊긴 작은아들은 변두리 인력시장을 배회하고 있는지
먼 길 오다 보면 손과 발에 못이 박히는 법이지
분꽃 여리고 긴 줄기
지나온 고비들이 숨차 중간 중간 관절이 굵어진 거야
그래도 돌담 묵은 뼈대의
울안이라 그럭저럭 대를 이어가는 거지
수챗가에서도 참 용하게 살아왔어

갈피끈

그가 떠나면서 보내온 책
닳은 자주색 가죽 표지의 성경, 가운데보다 조금 앞과 뒤에
선홍빛과 황금빛 두 개의 갈피끈이 끼워져 있다

지게에 얹혀 첩첩산중으로 실려 가는 어머니,
마른 솔가지처럼 늙은 손으로 청솔가지 꺾어 산길 군데군데 뿌렸다
아들 돌아갈 때 산중에서 길 잃을라

끝내 책갈피를 펼쳐보지 못한 나는
가을강으로 나가 상처 난 그의 일대기를 하얗게 빨아 버렸다
무덤은 파헤쳐도, 건드려도 안 되는 것

나는 이제 아무것도 받지 않았다
되돌아갈 곳이 없어 앞으로만 간다
갈피끈을 끼울 데가 없어 주춤거리지 않을 수 있다

깃털처럼 몸이 가벼워진다
가름끈이 없는 가을강의 누렇게 뜬 강물이 된다
흐르는 대로 흘러간다

가을밤에 찍는 느낌표 3

어둠 속으로 들어간 상수리나무 숲은 얼마를 걸었을까
주머니 속에 넣어온 풀벌레 소리들을 주섬주섬 꺼내고 있다.
봄에 태어난 나는 오는 길도 모르면서
여기까지 와버렸다
후회하지 마, 부질없어
오래전에 겨울로 들어간 어머니, 창백한 미소가
부시지 않는 달빛에 걸려 있다
낙엽은 굴러서 마침내 별이 되는 것일까
어스름 허공에 만장처럼 걸려 있는 그리운 얼굴들,
무대막처럼 흐르는 구름 뒤에는 부끄러운 것들이 숨어 있지
정말 면구스러워
그래도 가을밤의 푸른 하늘은 볼 만해
눈이 시원해지거든, 가슴이 뻥 뚫려서
마른 풀잎 같은 편지를 쓰는 사람은 이제 없어
그래, 스마트폰으로 사진을 찍어 SNS로 보내지
가을밤이 웹으로 들어가 숙성되고 있는 거야

쇄골을 드러낸 젊은 여인의 걸음걸이는 단정하답니다
맑은 목소리가 여린 바람에 실려 간다
아직 사랑할 수 있어 외로운 거야
숨을 쉬어 봐, 가슴에서 슬픈 피리 소리가 날 거야
오래된 서가의 시집에서 잠자던 말들이 걸어 나와
도열하는 느낌표처럼 상수리나무 숲이 된 거야
당분간은 비가 내리지 않는다는 예보가 나왔어
가을비가 밤의 상수리나무 숲에 내려도 좋은데, 괜찮은데

눈길 6
— 눈길을 가며 기다리는 폭설

첫새벽 하얀 눈길을 처음으로 가는 것은 미안한 일이다 벌판을 가로지르던 바람은 자작나무 숲에서 잠들었다 천지는 고요하고 적막하다 소나무 잔가지도 제 몸에 앉은 눈을 털지 못하는 저 고요, 절대 안온을 깨는 것은 불경이다 새들의 가지런한 발자국조차 아직 찍히지 않은 하얀 눈길에 처음으로 발자국을 찍는 것은 정말 송구하다 뿜어져 나오는 입김이 증기기관차의 연기처럼 풀썩풀썩 날리는데 눈밭에서 숙성된 공기는 상쾌하다 그러나, 깨끗하지 못한 신발자국을 그대 몸에 남기는 나는 파렴치한이다 어떻게도 속죄할 수 없는 죄인이다 지나온 길에 다시 폭설이 내리기를 바란다 흔적을 지워주는 은혜로운 용서를 나는 바란다 덮으면서 지우는 폭설의 용서는 처음으로 되돌리는 일이다 첫 눈길을 열고 가면서 염원하는 은총의 폭설

제4부 겨울 원행

물비늘

강물의 피부가 매끄럽게 반짝일 때가 있다 여러 개의 얼굴을 가진 그녀의 몸이 덥혀졌을 때, 숨 돌리며 일상으로 돌아갈 때 잠시 내뿜는 자족의 과시이다 지금은 아무도 필요하지 않아 아무도 품지 않을 거야 오는 대로 내치는 거야, 물비늘의 오만은 눈부시다 지상에서 가장 아름다운 거부의 철편

팔뚝만 한 잉어 한 마리 강물을 박차고 튀어 오른다 누런 비늘이 털어내는 싱싱한 물방울들, 일탈의 자유가 우수수 비산한다, 비늘에서 떨어지는 비늘, 비늘들이 제자리를 찾아가는 한낮, 천연한 강물 위 서성이는 햇살 집요하다

시계의 방 7

물방울이 떨어지고 있다 똑 똑, 베란다 창문을 비스듬히 뚫고 들어온 빛살이 소리 없이 왼쪽으로 조금 이동하였다 그 사이사이로 강물이 흘러간다 쉬지 않고 이어져 흘러간다 시계의 초침은 책상 위에서 또박또박 움직이고 시간은 옆에서 흐르고 있다 시계가 힘들게 시간을 끌고 가는 듯한 착각, 거실장에는 한때의 기념으로 만들어진 탁상시계가 오래된 도기 앞에 동그마니 앉아 있다 할아버지가 쓰는 작은 방에선 뻐꾸기시계가 울다 말다 계절을 벗어난 채 걸려 있다 고장 난 시계가 여기저기 정지해 있어도 시간은 그것들을 외면하며 흐른다 그나마 쉬지 않고 가는 디지털시계가 휴대전화 액정과 티브이 수신기, 혹은 자동차 계기판과 내비게이션에 숫자로 깜박인다 저만큼 앞서 가는 아버지와 이쯤에서 다소곳이 뒤따라가는 어머니의 나들이, 그 발자국과 발자국 사이의 거리만큼 일정한 간격으로 떨어져서 가는 시차, 그러나 가는 길은 같은 방향의 같은 길이다 시간의 계단은 평면이다 찰랑거리는 강물의 푸른빛이다 바람은 잠들 때도 있고 수시로 방향을 바꾸어 불 때도 있지만 시간에는 수면도 후진 기어도 없다

다만 앞으로만 나가는 흐름 위에서 어쩌다 고개 꺾으며 잠든 것의 시간이 있기는 하다 책장의 플라톤 전집, 공화국의 책갈피 속에서는 원시공산사회의 원형이 수면 중이다 이천사백 년, 긴 잠을 자고 있다 두텁게 쌓인 먼지 속의 잠, 잠 속의 꿈은 먼지를 뚫고 나오느라 때로 숨 막힌다 수면 중에도 꿈속의 시간과 꿈 밖의 시간은 침묵한 채 서로 발걸음을 달리하여 흐른다 흐름 위에서 생긴 현기증으로 잠시 외면해야 하는 삶, 시간의 물결에 떠서 새들은 새들의 삶을 살고 나무는 나무의 삶을 산다 산다는 것은 물결 같은 시간 위에 올라 잠시 흘러가는 일이다 시간을 벗어나지 못하면서 시간을 재고 있는 시계, 시계를 보면서 시계 밖에서 흘러가는 시간

시계가 가득 찬 시계방 벽에는
제각각의 시계에서 제각기 달리 흐르는 서로 다른 시각들이 분주하지만

색깔 없이 무심한 시간의 방에는 벽이 없다

타거나 내리는 시각이 따로따로인 것들 아래
흐름 하나만 있는 시방(時方)

바람의 길 4

지리산 성삼재에서 떠오른 행글라이더가 활공하는 것을 본 적이 있다 날렵하고 경쾌한 바람의 손길이 붉고 푸른 나비들을 부드럽게 받아 내렸다 노고단에 앉은 늙은 할미가 구례 쪽을 내려다보며 손사래를 치자 산허리에 걸린 구름자락이 슬며시 허리띠를 풀어 내렸다

센 바람은 막힌 것을 밀면서 달리고 여린 바람은 열린 곳을 찾아서 흐른다 바람이 달빛을 밀어내는 밤, 정처 없이 모래사장 끝으로 나앉던 달빛

길이 없다고 생각하는 바로 그곳에서부터
모든 길이 열리게 된다
원형 그대로의 바람이 내는 길
가면 길이 되고 서면 거소가 되는
무량한 바람의 자유

심심하면 지상으로 내려오는 천상의 바람을 받아 안는 새의 꽁지에는 민감한 탐지기가 부착되어 있다 바람의 강

도와 방향을 재는 깃의 떨림에 따라 나뭇가지에 앉아 가볍게 몸을 털며 깃털을 말리거나 바람의 길 밖으로 후드득 도망치듯 날아간다

바람의 혀가 풀숲을 핥으며 지나간다, 풀숲은 가지런히 허리를 젖혔다가 일어난다 바람의 침이 마르기도 전에 사라지는 바람의 길, 위로 흐르는 바람소리, 솔바람소리

바람은 굳이 길을 내지 않는다
쓰다듬듯 지나간 모든 곳이 길이 된다
숲의 위로도, 나뭇가지 사이로도 유연하게 빠져나간다
황소나 자동차를 싸안고 나선형으로 감아올리는 회오리바람
바람의 길은 공중에서 만드는 아이스크림과 흡사하다
베란다 방충망을 치고 들어오는 바람을 보면 부챗살처럼 갈라진 바람의 길들이 어느새 어물어물 섞이는 것을 알게 된다

섞이고 뭉치고 흩어지며 질주하는
바람의 눈, 바람의
손, 바람의
이마, 바람의
발에는 커다란 갈퀴가 달려 있다
마음대로 세웠다가 눕히는 고양이발톱 같은 갈퀴

잠자는 바람은 길 위에서 취하는 잠시의 휴식이다
길을 가기 위한 길 위의 길, 바람의 길이다

빨래를 삶으며

볕 좋은 날 후드를 열고 빨래를 삶으면
바람 찬 플레어치마처럼 뭉게구름은 부풀어 오르지
삶으면 살아나는 생, 풀어지며 스러지는 어제의 묵은 때

풍로의 좁은 주둥이로 쉬엄쉬엄 부채질하면 무희처럼 발갛게 춤추던 숯불꽃
펄럭이는 몸 위에서 폭폭 탕약을 달이듯
약한 불에서 남편의 속옷을 삶다 보면 뽀글뽀글
비누거품 속으로 뽀얗게 일어서는 어느 날의 생기
방울토마토처럼 팽팽했지, 언제나 반짝였지

옥상으로 다 빠져나가지 못한 김이 달무리로 부딪치는
통유리 창문엔 음각된 밤이 판화처럼 떠오르지
수묵처럼 번지는 야생의 얼룩은 아름다워, 젖어서 부드러워
초원 끝에 있는 용암온천의 풍경은 우윳빛이었지
한 손 가득 거머쥔
방울방울 물풍선 너머로 무지개가 서렸었지

새털구름을 분쇄한 가루비누 분말에선 여린 새소리가 났어
남편을 점령한
떨어지지 않는 점성을 씻어내는 데는 이만한 것이 없어
겨울 너머에서 봄이 오고 마음에 먼저 기포가 생겨나지
냉이 싹이 돋는 강둑에서 한입 가득 침이 돌 거야

토마토 밭에는 눈이 매운 향기가 흐르고 있었지
찰랑찰랑 가슴에 달고 처음 교문을 들어서던 가제 손수건
빨간 색실로 수놓은 패랭이꽃이 팔랑거리는 시간 또는
목덜미가 파란 단발머리로 돌아가고 싶어, 나는 지금

깍지 4

너의 왼손과 나의 오른손 열 손가락을 서로 엇갈리게 바짝 끼워 잡았다 지긋이 힘을 주면서 우리 사이의 거리를 밀어냈다 꼼짝없이 하나로 밀착된 팔을 흔들면서 우리는 어지러운 풀숲을 헤쳐 나갔다 열병대오의 행진처럼 일사불란하게 밀어낸 허공 위를 나는 듯이 걸었다 정말 그렇게 알았다 편대를 이탈한 기러기 두 마리 바람을 안고 끼룩끼룩 울면서 노을을 비껴 들판 끝으로 날아갔다 사주 적은 색 바랜 종이엔 부부운이 없다고 적혀 있었다 그랬던가 했다 새는 나뭇가지와 발깍지를 낀 채 사냥할 벌레를 살피고 시인은 세상과 어깨동무를 하듯 깍지다리로 묵상에 들어 있다 수도자는 다섯 개의 손가락과 다섯 개의 손가락 사이의 어둠을 움켜잡으며 빛을 간구하는 손깍지를 끼고 고개를 숙였다 꺾인 갈대 같다 어둔 밤바다에서 각자의 생애를 건너는 풍경은 엑스선 영상처럼 앙상하고 숙연하다 연리지는 서로의 몸속으로 들어가 푸른 피를 섞어 몸깍지를 만든다 잡초는 뿌리와 뿌리를 부둥켜안고 발본을 막아낸다 고구려 고분 벽화에 박혀 있는 비늘갑옷 철편에 검은 녹이 슬어 있다 깍지의 풍화작용이다 효와

통한이 깍지 낀 수원화성엔 계몽군주 정조의 왕도정치 일념이 외축내탁의 축성법으로 역사의 부침을 넘어서고 있다 허공이 지심을 뚫고 들어가 사방으로 얽히고설킨 동굴들, 천(天)의 뿌리가 지(地)의 살 속으로 번어가 만년을 해로하는 손깍지인가 멀고 길게 골몰하는 깍지들 느슨하면서도 단단하다 허물어지면서 잘도 버티고 있다 깍지는 풀림으로 가는 슬픈 길이다 모든 깍지는 처음도 끝도 없는 둥글고 긴 길 위에서 눈물겨운 새순으로 시작된 어중간한 출발임을 안다 세상에서 가장 연약한 것들만이 깍지 끼는 것이 아니다 소망이 만드는 질서, 생명이 생명으로 이어지는 매듭이 깍지임을 안다 바람과 나무의 변증법이라고 할까 잘게 쪼갠 왕골 줄기로 날과 골을 깍지 끼워 난초석을 짜는 바디질을 아직도 누가 하고 있다 깍지광 하나 마련해야겠다 응력의 해석학을 수습하고 싶다 저녁이 오기 전에 새 이름 하나 명명해야겠다

속 7

대화는 겉돌았다 속으로 들어가기 위하여 쉼 없이 밖으로 나가는 습성, 대기권을 뚫고 나간 우주왕복선은 우주정거장에서 되돌아왔다, 우주 속으로 들어가지 못하고 기껏 그쯤에서 회귀하는 타협은 신품종 화훼의 개화와 비슷하다

꿈의 거처는 속이다 나는 수선화가 꾸는 꿈을 알지 못한다 하얀 미소나 노란 울음의 절정을 가끔 보지만 그녀의 꿈을 보지는 못한다 열매 맺지 못하는 이유도 모른다 너는 너대로 나는 나대로 헛꽃 같은 웃음을 날리는 것이 우리의 가상한 소통이다

강물은 석양의 물감을 기다렸는가, 붉은 한(恨)을 몸속 깊이 풀고 있다 기다림의 소재는 속이다 발설하지 않고 속으로 숨기며 내가 오래 기다린 사람은 그대가 아니다 또한 그대에게는 내가 아니다 일급수의 열목어 눈빛 같은 말은 각자의 속에만 있다 속을 터놓는 일은 애당초 할 수가 없다 기다림은 실로 어리석은 일이다

속이 뒤집힌다 욕지기가 솟는다 천지를 뒤덮는 화산재, 시계 제로의 길 위에서 길을 찾는 저 숨 막히는 질주, 외면 이외의 제동장치는 처음부터 없었다 하얀 충돌만은 피해야 하는데

속은 거처가 분명하지 않다 읽기가 난해한 오독의 늪이다 속에는 주소가 없다 번번이 주소불명이라는 도장이 찍혀 반송되는 실낱같은 꿈, 꿈의 해석은 몽상이다 달을 노래하는 시인의 눈은 근시안이 분명하다 보이지 않는 속을 보겠다고 매달리는 예지의 근시안, 불통의 소통학을 굳히면서 겉도는 대화를 끝낼 때가 되었다 일어서서 출입문 쪽으로 걸어갈 때가 되었다

쉬 2

똥쉬파리는 야생동물의 털뿌리에 쉬를 슨다 쉬에서 깬 구더기가 피부를 뚫고 들어가 자라다가 번데기가 되기 직전에 구멍을 뚫고 나온다 이 구멍에서 피가 나고 피부병이 생긴다 소나 말의 입안에 쉬를 슬어 애벌레가 위 속에서 자라기도 한다 사람의 요도나 귓속에 구더기가 생기는 경우도 있다 나방이나 나비류의 유충이 고물거리면 그 등에다 쉬를 슬어 유충을 죽게 하고 속으로 들어가 살을 파먹으며 자라기도 한다

검정볼파리는 자기 뱃속에 알을 슨다 뱃속에서 성숙한 알이 산란관을 빠져나오면서 알껍데기가 벗겨지고 쉬로 변한다. 어미의 배 밖으로 나온 쉬는 동물의 시체나 사람의 똥을 먹으면서 두 번의 탈피를 한다. 그리고는 딱딱한 번데기로 얼마를 지난 뒤 성충이 되어 날아간다

적당한 곳에 슬어놓기만 하면 저절로 자라는 쉬의 쇠줄 같은 생존력, 1974년의 연구결과에 따르면 쉬파리는 핵폭발 시에도 살아남을 수 있다고 한다 사람보다 일백 배가

넘는 방사능을 거뜬히 견딘다고 한다

남의 살을 파먹고 제 살을 찌우는 쉬, 쉬이 죽지 않는 쉬

불안한 천칭

중풍 앓은 60대 허씨의 걸음은 왼쪽으로 기울어져 있다
강의 둑마루길을 하루 한 번씩 뒤뚱뒤뚱 걸으며 운동을 한다
균형 잃은 몸을 받드는 무연한 허씨
힘 빠져 넘어질 것 같은 하루하루가 불안하게 안정되어 있다

지구의 자전축은 66.5도 기울어져 있다
기울어진 채 태양 주위를 돌면서 봄, 가을을 만들고
여름, 겨울도 만들면서
밤낮의 길이를 변화시킨다, 신통하다
기울지 않은 지구라면 천날만날 답답하고 따분할 것인데

나무는 가지가 어긋나서 제대로 서 있다
뿌리는 억세고 여린 것이 있어 흙을 깊이 악물 수 있다
산은 높고 낮은 곳이 있어 골짜기를 품고
외로워서 모인 물은 머물 곳을 찾아 흐르고 또 흐른다

반듯한 양 어깨의 무게가 같아
고요한 여자는 살아 있는 여자가 아니다
걷잡을 수 없이 가슴 울렁거리는 것이 생이다
스스로 요동치니까 살아 있는 것,
기울어진 것이 꽃을 피운다

꽃처럼 사는 하루하루
우리는 저마다 하나뿐인 천칭이 되어
잊어버린
불안에서 나와 불안을 찾아가고 불안으로 돌아간다

기울어진 지구의 축이 우리 안에 들어와 있다

층층나무 연대기

외톨이 층층나무 근처에는 고생대의 퇴적암 같은 침묵이 흐른다. 층층나무가 입을 열지 않는 것은 부족의 오래된 금기, 삼엄한 계율이다. 진리는 묵언(默言) 안에 거주하는 것, 오월에 피워 올리는 하얀 웃음이 시대에서 시대를 건너온 묵시록의 표지이다. 층층나무 수피는 쥐 오줌 얼룩진 고서(古書)처럼 사시사철 거풍을 한다. 바람이 몰려오면 팔들을 휘적거리지만 날아오르고자 함이 아니다. 땅에 발 딛고, 선 자리에서 깨치며 증거하는 각(覺)

해와 별과 달은 물론, 날짐승과 길짐승, 물고기들이 그에게로 와서 성층구조를 배워 갔다. 세상 사람들은 외형만을 배워서 갔다.

하늘과 땅은 층층의 제자리를 내어주며 상생했다. 짐승과 물고기는 먹을 만큼만 취하며 더는 몸집을 키우지 않았다. 번데기는 먹은 것만으로 잠을 자고 우화한 나비는 층층나무를 오르내렸지만 어느 곳에도 거처를 소유하지 않았다. 산은 오는 대로 품어 안았고 강은 흐르는 대로 떠나보냈다. 이들에게는, 층은 있으되 층이 없었다. 사람들만 우화등선을 꿈꾸었다. 층층을 만들어 힘들게 기어오르다 추락하곤 했다. 가진 자는 더 가지려 하고 가난한 자는 더 곤궁해졌다. 오갈 수 없는 층과 층 사이의 허공이 까마득하게 멀어져 갔다.

겨울이 오기 전에 층층나무 붉은 열매는 경전의 글자처럼 까맣게 여문다. 빈 몸으로 긴 삼동 내내 층층나무, 다음 해로 넘겨줄 필사본을 만들 것이다. 세상이 모두 읽을 수 있어도 사람만이 해독하지 못하는 반야경이나 시편 같은 전범(典範), 말은 버리고 뜻을 남기는 층층나무의 주문(呪文)을 지층 깊이 각(刻)할 것이다.

내 안의 철새 2

날아올라야 하는데, 지귀(志鬼)처럼 마음에 불길 일면* 까마득한 하늘 "회오리바람을 타고 9만리나 올라 유월의 거센 바람을 안고 날아가야"**하는데 북녘땅 푸른 뼈 쌓여 있는 곳으로, 북명(北溟)의 추위가 빠른 속도로 남하하여 속 빈 뼈 시리면 "물결 3천리나 쳐올려"*** 찬바람에 몸을 싣고 삼동(三冬) 내내 고운 눈발 날리는 남녘땅으로 날아와야 하는데, 그림 같은 평사낙안(平沙落雁)****으로 하강해야 하는데

내 속 마음벽에는 신석기의 암각화 하나 들어서 있다 날카로운 돌칼로 쪼아 판 그림, 기럭아비가 안고 온 목안(木雁) 한 쌍 쓸쓸히 풍화되고 있다 한쪽 날개 끝이 깨어져 있다 부조(浮彫)를 벗어나도 날지 못하겠다 뒤뚱거리겠다

하늘길 늘 열려 있어 때마다 떠올라도 되지만 줄지어 까마득히 나르던 기억 생생하지만 먼 곳으로 전해줄 한아름 소식 안고 있지만, 이계조(二季鳥)는 지금 이동경로를 이탈해 있다 화석으로 갇혀서 조금씩 죽어가고 있다, 균형을

잃은 날개 아닌 날개만 퍼덕거리고 있다

---

* 『삼국유사』의 지귀설화. 지귀는 마음에서 불이 일어(志鬼心中火) 몸을 태우고 화신이 되었네(燒身變火神).

** 장자(莊子) 소요유(逍遙遊).

*** 장자(莊子) 소요유(逍遙遊).

**** 평사낙안(平沙落雁) : 기러기가 편평한 모래밭에 내려앉는 모습. '글이나 문장이 매끈하게 잘 되었음'을 비유하는 뜻으로 전용되고 있음.

겨울 대숲

발이 뜸한 거기는
염습을 하지 않은 채 굳어져 뒤틀린 시신들이
마른 몸으로 우수수 쌓여 있다
한때 푸른 기염을 토하며 대쪽 같은 화살을 쏘았을 것인데
흘리고 가는 곤줄박이의 깃털을 모아 새털구름을 짜거나
지나가는 바람을 불러 고담준론을 펼치며 칼칼한 득음을 했을 것인데
임금님의 귀는 당나귀 귀
오래전에 누설된 절의가 지금은 엇비슷이 넘어져 있거나
밑동에서 잘려 창백한 창날로 버티고 있다
고가의 적막한 뒤란은 역사의 뒤켠과 흡사한 법
언 숲을 헤치고
소리 없는 소문 하나 빠져나가면 잠시, 물결처럼 세상이 흔들린다
숱 많은 머릿결, 머릿결
꺾이지 않는 푸른 뼈의 내력을 가진
한때 올곧았던 자들은 모두 이곳의 필사본이다

그들은 언제나 개울을 등지고 뿌리를 뻗는다
할머니 하얀 무명치마처럼 사이사이 적설이 훤한 저녁이 되면
굴뚝 끝 연기들이 이리로 허리를 틀고
높은 가지에 살 붙이고 떠나지 못하는 가오리연
긴 꼬리가 파르르 오래 떤다
동지 추위에 언 채로
뒹구는 꿈들이 차고 뾰족하다
뼈 부딪는 소리를 내며 대숲이 마른 겨울을 붙들고 있다
흘림체를 모르던 생전의 아버지, 아버지

겨울 원행

겨울은 길고 길은 멀었습니다

아무것도 모르고 나섰습니다
문득 길에 던져져, 가지 않을 수 없어
여기까지 왔습니다
버리고 온 얼어터진 신발이 몇 켤레인지 모릅니다
어디쯤에 아직도 헤진 그대로 있겠는지요
눈 쌓인 나뭇가지에 햇살이 내려와 뽀득뽀득
눈부시게 노니는 것을 보았습니다
참새 몇 마리 날아와 헤살을 놓는 것도 보았습니다
푸슬푸슬 떨어져 날리던 눈가루가 모래알처럼 슬펐습니다
강의 얼음장을 건너면서 미끄러져 넘어지기도 했고
탱자나무 울타리 길을 지날 때는
붉은 목도리가 가시에 걸려 내버려두고 왔습니다
만장처럼 펄럭이고 있을는지요

낮은 짧고 밤은 길었습니다

어둠 속 검은 숲의 침묵은 바다처럼 무거웠고
창날 같은 바람이 온몸으로 꽂혀 들었습니다
소리,
음산한 바람소리는 흉흉하게 날카로웠습니다
먼 불빛 가물거리는 방향으로
끝나지 않는 길을 작정 없이 혼자 걸었습니다
이가 떨리는 온 세상이 그저 추위뿐인데
옆에 있는 사람은 아무도 없었습니다
보여주는 것만을 보는 눈을 달고
사람들은 모두 어둠과 추위를 피해
동굴 속으로 몰려가버리고 말았습니다
어둠을 꿰뚫는 푸른 시력이
서걱서걱 얼어붙은 내 몸을 갉아먹었습니다

가는 길이 어디쯤서 끝날지 모릅니다

가슴에 넣어온 구운 돌덩이가 식어 갑니다
남은 온기가 그렇게 다정하고 소중할 수 없습니다

어머니의 품이 그랬을 것입니다
얼어서 떨어져 나가는
손도 발도 얼굴도 이미 내 것이 아닙니다
한 발짝씩 발걸음이 떼어져 나가므로
나는 아직 걷고 있습니다
내가 아닌 다리만 휘청거리고 있습니다
어둔 천막에 뚫린 잔구멍처럼, 별들은 까물까물 차갑게 웃고
보름달은 물끄러미 방관하고 있습니다
가슴의 온기가 있는 대로 다 빠져나가고
빈 벌판 어디쯤 마른 나무토막처럼 문득 툭 쓰러지면
바로 거기가 내 길의 끝이겠지요

시작이 내 것이 아니었기에
끝도 내가 내는 것은 아니랍니다
먼 길은 끝나지 않는 겨울 속으로만 나 있다지요

적요의 빛깔 1

고요는 하얗고 쓸쓸함은 잿빛이라 생각했다

갈대숲이 제자리에 있다 거기 그렇게 있다 햇살을 헤집고 날아오르는 물새 한 마리 푸른 하늘에 투명한 아지랑이 한 줌 빛살 가루로 뿌리는데 수양버들 가지 끝이 잠시 휘어지며 허공을 받쳐 든다 개울의 여울목엔 하얀 물살이 내달리지만 풍만한 품새를 풀지 않는다 물소리에 묻어 있는 고요의 빛깔이 허공처럼 쓸쓸하다 올 사람이 아무도 없는 한낮의 여름 답답하게 길다 물 위를 달리는 소금쟁이 떼도 그 답답 걷어가지 못한다 쌀알만 한 풀꽃이 사방으로 피어 분주한 생의 한가운데 아무도 딴전을 피우지 않는데 들판 끝에 쓸쓸하게 나앉은 사람만 외로이 고요를 본다

빛깔과 빛깔이 어우러져 사는 세상에서 홀로 돌아앉은
적요의 빛깔은 버려진 자의 탈색, 혹은 텅 빈 무색이다
시간이 정지한 지대에서 말없이 바라보는 허공의 빛깔

머리 빗는 날

올과 올 사이에 남루한 그늘을 숨기는 거야
강쇠바람 돌풍으로 지나간 땡감나무 밭 비질하듯
세 갈래를 하나로 엮어 동아줄처럼 땋는 것은 안 돼
대롱대롱 댕기치레도 하는 것이 아니야
풀어 헤쳐야 해, 빗는 것이 곧 푸는 것이거든
얽히고설킨 이승을 푸는 거야
영결종천은 전쟁이잖아
풀밭에 앉은 하얀 나비에 손대는 것은 금기야, 나비가 날면 그늘이 새어 나가거든, 결기가 무너지거든

어젯밤의 둑마루 길엔 겨울바람이 몰려와 마른 풀숲을 밤새 헤적여놓았다 강물에 감은 보랏빛 머릿결 반짝이던 청둥오리가 무겁게 울었다 중천엔 누가 달을 갉아먹고 있는데 기슭의 어둠, 굵은 웨이브가 물결무늬로 출렁였다 가로등 불 꺼져 있었다

염습실 스테인리스 침상에 누워 있는 남자, 남이면서 나였던 사람, 마른 자작나무처럼 하얀 얼굴을 수석 염사가

씻기고 성긴 빗으로 머리를 빗긴다 꼬장꼬장했던 한 생의 사이사이 헝클어졌던 날들이 가지런히 눕는다 댕기머리 물떼새 곧은 장식깃이 뒤로 눕자 멱목과 과두로 얼굴을 덮어 싼다 어느새 사륵사륵 염포 동여 묶는 소리, 한순간에 통과하는 지근거리의 아득한 단절, 무심한 남자는 입관되고 나는 망각되었다 귓전으로 정체 모를 소리들이 맴돌았다

집 6

집에서 나와 집으로 간다 둥지에서 나온 새는 숲에서 벌레를 잡아 다시 둥지로 돌아간다 거기 쫑긋쫑긋 입 벌리고 있는 새끼들이 있다 양육은 집에서 이루어진다 털북숭이 새끼들이 여린 부리로 깨고 나온 빈 껍질은 이미 버려진 옛집, 자라면 버리고 떠날 그 둥지 또한 지나간 옛집이 될 것이다 강에 떠 있는 지붕 덮인 배는 사마르족의 수상가옥과 다르지 않다 교역을 하며 물 위에서 물 위로 흘러간다 거기서도 아이들이 태어나고 자란다 어미가 있어 양육은 집에서 이루어진다 집은 어미다 어미가 집이다 집 속에 어미가 있고 어미 속에 집이 있다 새끼들은 자라서 어미의 집을 떠나 새로운 지붕배로 옮겨갈 것이다 몸이 자라면 집이 작아질 것이므로, 크는 곳이 집이라 살아 있는 모든 것은 집에서 자라 밖으로 나온다 매미처럼 껍질을 벗고 나와야 제 소리를 내며 제대로 날 수가 있다. 헌집을 버리고 나와야 더 큰 새집으로 들 수 있다 그러나 떠나온 집으로는 돌아가지 못한다 돌아갈 수 있는 집은 아직 완전히 떠난 집이 아니다 옛집은 돌아갈 수 없는 곳, 마음으로만 그리워하며 자주 뒤돌아보는 곳, 고향같이, 고향이 집이고 집이 고향이다 어쩌다 귀거래사를 부르며 고향으로 돌아가 본들 거기에 고향은 없다 산도 들판도 시냇물도 다르고 정겹던 옛 사람들이 없다 남아 있는 사람들은 소나무 껍질처럼 굳어져 있다 환영하는 사람도 없다 예수도 자신의 고향에서 환영받지 못했다 옛집으로 돌아가서는 안 되는 것, 사마귀처럼 멧돼지처럼 새집으로 새집으로 옮겨 가야만 하는 법, 그러다 기력이 쇠하거나 시든 꽃잎처럼 온몸이 무거워지면 몸 눕힐 그곳이 바로 마지막 그의 집이 되리라 마지막 집은 어미의, 어미의 어미가 떠나온 처음의 집이다 생은 집에서 나와 집으로 가는 길, 집으로 가는 길은 되돌아가는 길이다 물이 되어 바람이 되어 흔적 없이 사라지는 일이다 허공의 집에서 왔으므로 허공의 집으로 돌아가는 일이다 그러나 남은 집은 여전히 남아, 무참히 쇠락해 가면서도 누가 들어와 거주해주기를 기다린다 잠시라도 거처로 삼아주기를 바란다 집은 침묵하는 수용성이다 모든 것을 받아들이는 포용성이다 집 나간 탕자도 끝내 돌아오는 집 우리는 모두 집에서 나와 집으로 간다

집 13

— 구름의 집

그 집은 높고 가볍다 아마 새의 뼈로 골조를 하고 날개깃으로 벽과 지붕, 인테리어를 했으리라 그 집은 공중을 둥둥 떠다닌다 서소(棲巢) 같은 나무 위의 집은 이 집에 비하면 말 그대로 약과다 언제 지진이 나든 쓰나미가 오든 오불관언이다 허리케인이나 토네이도가 강타해도 미동을 않는다 담벼락의 덩굴장미꽃쯤으로 생각하면 그만이다 그 집은 정해진 자리가 없다 바람 부는 대로 떠다닌다 대륙을 횡단하는 이동주택 트럭이나 캠핑카보다 이동이 더 자유롭다 충돌이나 추돌, 추락의 위험이 없다 기류의 흐름에 따라 전자동 운전 체계가 작동된다 그림자는 굳이 달고 다니지 않는다 앞세우거나 밟고 다니지도 않는다 생기면 생기는 대로 그냥 둔다 그림자의 집은 저 아래 있는 다른 집이다 구름의 집은 무한가변의 설계로 지어졌을 것이다 집의 외양이 수시로 바뀐다 일출이나 일몰 때에는 바로크양식의 베르사유 궁전이 된다 햇빛 쨍쨍한 여름 낮에는 로마네스크나 고딕의 건축양식으로 바뀌기도 한다 어떨 땐 러시아풍의 건축양식과 한국 건축양식이 혼합된 웅장하면서도 아담한 풍채를 보이기도 한다 여객기가 창

문과 내벽을 뚫고 지나가고 전투기가 집의 바닥에서 천정까지 구멍을 내기도 하지만 별로 신경을 안 쓴다 금세 복구가 된다 구름의 집에서도 새끼가 태어나고, 장성하면 분가하여 떠난다 떠나도 아주 떠나는 것은 아니다 외로우면 언제라도 되돌아와 합가하면 그만이다 부양이나 양육의 고된 과업이 없다 집이 무거워지면 빗방울로 투둑투둑 떨어뜨리면 그만이다 간혹 어쩌다가 생기는 일곱 빛깔 무지개는 아취형의 공중 기둥이 되어 지상으로 뿌리를 내리기도 한다 하늘이 꽁꽁 얼어붙은 겨울엔 무거워진 집의 일부를 눈덩이로 펑펑 내려 쏟는다 땅에 사는 아랫것들의 하는 짓이 영 맘에 들지 않으면 우박을 무더기로 퍼붓는 심술을 부리기도 한다 우주왕복선이 대기권에 진입할 때나, 은하에 가설된 도시경전철로 궤도차가 지나갈 때면 소음이 좀 거슬리기는 하지만 아직은 참을 만하다 초등학교 운동회라도 하는 날이면 정원의 사탕나무 가지 몇 개 꺾어 내려 보낸다 빙빙 돌아가는 원통에서 걷어내는 솜사탕을 한입 베어 무는 아이들은 처음부터 그 집 주인들이다 청백으로 나누어 개선문으로 들어서는 그들의 마음은 모두 그 집에서 파종한 것들이다 이 집에서도 간혹 부부 싸움이 일어난다 이 집 식구들이 얼굴을 찌푸리면 세상이 조금 어둑해진다 우레 치는 소리가 담장을 넘는다 그러나 곧 평온해진다 아무리 이재에 밝은 투기꾼이라도 이 집을 계약하거나 전매할 수가 없다 지상의 집값이 천정부지로 치솟더라도, 아등바등해 봐야 결국 아래에 묶여 사는 너희의 일, 무상하다는 표정을 짓는다 그 집은 다듬지 않은 무위의 통나무로 지은 노자의 집이거나 신인(神人)이 소요하는 장자의 집쯤 될 것 같다 그 집을 보고 있으면 마음이 편해진다 무욕한 넋들만 사는지도 모른다 그 집에는

집 14
— 존재의 집

나는 있는데 나는 없다 모래사장에서 먹이를 찾는 깝짝도요는 두세 발 걷고는 머리와 꽁지를 까딱거린다 쇠물닭은 꽁지를 흔들면서 물풀 위를 걷는다 별꽃은 간밤에 가져온 하얀 별빛을 대낮의 밭이나 길가에 총총하게 뿌려댄다 이름값을 한다 아무도 보아주지 않는, 이름 없는 나는 아무것도 할 수가 없다 소용이 없다 나는 있는데 내가 없다 하다못해 무명초라는 이름이라도 가지고 싶다

오다가다 누가 문득 던져주는 말 한 마디, 이름이다 그가 그로 서게 하는 명명(命名), 그러나 말에는 무게가 없다 발화되어 나오면서부터 하등식물의 홀씨처럼 풀풀 날아가거나 비눗방울처럼 가볍게 떠다니다가 폭 꺼지고 만다 말의 종말은 무소(霧消)이다 말이 사라지면 이름 불린 것도 사라져 없어진다 말로 부른 이름 속에 이름 불린 것이 들어 있기 때문이다

말 속에는 존재가 들어 있다 말의 집에는 존재가 거주하고 있다 소라게처럼 스스로 선택하여 들어간 것이 아니다

누가 그에게 이름 붙여주었을 때, 너를 너라고 소리 내어 불러주었을 때 주술에 걸린 것처럼 존재는 말 속으로 빨려 들어가 거기에 거처를 정할 뿐이다 그때부터 말은 감옥이 된다

아직 이름 없는 것, 호명되지 않은 것은 어딘지도 모르는 곳에 없는 듯이 있는 것이다 누구의 눈에도 띄지 않은 것이다 빛 속에 있더라도 빛은 빛이 아니라 어둠이다 명명만이 빛 속으로 불러낸다 어둠을 밀치고 나온 것의 무게가 말에 실린다 그 속에 들어가 살고 있는 것의 크기와 꼭 비례하지는 않는 말의 무게, 무게를 넘어선 무게가 분명 말에는 있다 하늘이라는 말은 높이 올라가 있고 땅이라는 말은 낮게 엎드려 있다

집마다 문패를 단다 목각도 있고 대리석도 있다 더러 황금이나 옥돌 문패를 화려하게 달기도 한다 문패의 무게 속에 갇혀버린 사람들, 질식할지도 모른다 육중한 문패를 메고 다니느라 집의 등골이 휜다 그러나 그 이름으로 불

리는 한 그들은 그 집에서 나오지를 못한다 이름 속에 유폐된 존재의 감옥

어느 날 참 시인이 반신(半神)으로 온다 큰 망치를 휘둘러 낡고 굳어버린 말들을 깨트린다 헌 말을 새 말로 바꾸어 놓는다 새 말 속으로 새로운 존재가 빨려 들어가 말의 해방, 존재의 새로운 탄생이 이루어진다 그러나 얼마큼 지나면 집은 또 헌집이 되고 집 속의 존재 또한 헌것이 된다 나는 이름 없는 것을 다행으로 여긴다 말집이 없어 갇히지 않았으므로 처음부터 자유다 낡을 일이 없다 내가 없는 채로 나는 이대로 가는 거다

해설

존재의 집을 거듭 지어서 거듭 허무는 자

이승하 시인 · 중앙대 교수

왜 우리 조상은 시를 잘 쓰는 사람을 관리로 등용했을까? 과거제도는 중국에서 흘러들어온 것인데, 고려 광종 때부터 본격적으로 실시되어 구한말 갑오개혁 때 폐지되었다. 무려 1,000년을 지속한 과거제도의 핵심은 문과에서는 제술업과 명경업이었다. 제술업은 시(詩), 부(賦), 송(頌), 책(策)을 잘 짓는 것이었고, 명경업은 유교 경전을 잘 외우고 해석하는 능력을 갖추는 것이었다. 다시 말해 시와 산문을 잘 쓰면 과거급제를 할 수 있었고, 시 짓는 재주가 없으면 과거시험에서 좋은 성적을 낼 수가 없었다. 예전의 고을 관리는 동장이면서 경찰서장과 세무서장을 겸하였다. 판사도 겸하였다. 시를 잘 쓰면 이런 능력을 고루 갖추게 되더라는 것이 우리 조상의 생각이었다. 즉, 시 짓는 능력 속에는 세상을 보는 통찰력, 인생의 깊이를 헤아릴 줄 아는 혜안, 지식의 축적, 지식의 현실 적용, 죄의 경중을 재는 능력 등 거의 모든 능력이 포함되어 있다고 보았고, 이는 잘못된 생각이 아니었다. 이 생각에 문제가 있었더라면 경전의 자구 해석을 놓고 밤낮없이 논쟁하는 사대부 양반들이 과거제도를 폐지하고 추천제로 바꿨거나 경전 암기력 같은 것을 테스트했을 것이다. '詩三百一言以蔽之曰思無邪'란 말을 공자가 한 이래 이 말은 동양권 전체에서 불변의 진리로 인식되었다. 동서양 공히 시의 역사가 3,000년이 다 되었지만 여전히 시를 쓰는 사람이 있는 것은 시가 갖고 있는 기막힌 '생명력' 때문이다.

불교에서 말하는 언어도단이나 불립문자는 염화시중의 미소처럼 언어 부정의 경지를 추구하지만 시는 언어로써 언어를 초월한다. 언어가 없이는 의사소통과 정보전달이 불가능하지만 시적 언어는 그런 사전적 의미 차원이 아니다. 다의성과 애매성을 지닌 시적 언어는 그 뜻을 무궁무진 펼칠 수 있다. 한 편 시에 우주가 담긴다는 것은 그래서 나온 이야기다. '시적 표현'이란 것은 참으로 오묘하여 때로는 직설적이고 때로는 함축적이다. 형이상과 형이하의 세계를 다 아우르고, 관념과 실체를 포괄하며, 상상력과 체험의 멋진 하모니를 연출하는 시라는 것! 한용운의 시집 『님의 침묵』 전편 해설을 시도한 이가 송욱, 윤재근, 김

재홍, 김광원 등이었는데 최근에 정효구가 『한용운의 『님의 침묵』, 전편 다시 읽기』를 펴냈다. 시는 마치 우물 같다. 파고 또 파도 물이 나오는 우물 같은 것이 시다.

김주완 시인은 구상 시인의 추천으로 1984년 『현대시학』을 통해 등단한 뒤 3권의 시집을 냈고 이번에 제4시집을 준비 중이다. 30년 동안의 3권 시집이라……. 철학박사를 받고 대학교수로서 학생들 가르치느라 시 쓰기에 전력투구하기가 어려웠던 듯하다. 퇴임 후 비로소 시를 본격적으로 쓰고 있는 김 시인은 아마도 시의 묘미를 뒤늦게 알게 되었기에 시를 쓰고 또 시작법을 가르치고 있는 것이 아닐까. 제1부의 시부터 살펴보고자 한다.

오르는 길이 내리는 길이다

뭇 발들이 오가고
바람과 구름도 드나들었다
때로는 죽은 자가 산 자의 손에 들려서 지나갔다

세상에서 가장 순한 신발도 흔적을 남기면서
갔다

닳아도 닳아도

입묵(入墨) 자국, 살 속으로 파고들어
족보처럼 꿈틀거리는 저 실핏줄

오르는 길이 내리는 길이다

—「디딤돌 4」 전문

시인의 연세를 헤아려본다. 65세, 대학에서도 막 명예퇴임을 했다고 한다. 사람은 젊었을 때는 위만 보고 오르려 한다. 승진, 출세, 집 장만, 자식 교육……. 인생행로에는 오르는 길만 있을 수 없다. 우리가 의식하지 못하는 사이, 길은 내리막길이 되어 있다. "때로는 죽은 자가 산 자의 손에 들려서 지나갔다"고 하니, 노년기에는 장례식장 방문이 잦아질 수밖에 없다. 시인의 상상력은 제4연, 몸에 문신 새기는 일로 이어진다. 어느 누군가의 몸에 "족보처럼 꿈틀거리는 저 실핏줄"이 새겨진다. 하지만 인생은 삼천갑자 동방삭처럼 구르고 구르는 것이요 빌딩 회전문처럼 돌고 도는 것이다. 우리 인간에게 생로병사는 남의 일이 아닌데, 우리는 나 자신의 노환과 병고와 죽음이 너무 먼 곳의 일인 양 소홀히 생각하며 살아가다 봉변을 당한다. 오르는 길이 내리는 길임을 우리 모두 가슴에 새긴다면 나날을 이렇게 무미건조하게 살지는 않으리라.

뾰족이 내민 돌부리는

사방을 향해 적의를 내뿜고 있다

누구든 와서 그에게 걸리면

살기 띤 눈을 치뜨고

순식간에 상대방을 쓰러뜨린다

얼굴이나 팔꿈치 혹은 무르팍

어디든 가리지 않고 생채기를 낸다

길을 가다가 갑자기

일순에 무너지는 황당한 몰락,

그러나 돌부리는 멀쩡하다

놈의 뿌리가

굳건하게 땅속에 버티고 있기 때문이다

돌부리를 지켜주는

돌의 뿌리

—「돌부리」 전문

일종의 사물시이다. 길에 튀어나와 있는 돌부리는 행인을 넘어지게 하고 다치게도 하는 몹쓸 존재이다. 돌부리에 걸려 넘어지는 장면을 "길을 가다가 갑자기/일순에 무너지는 황당한 몰락"으로 묘사한 것이 재미있다. "그러나 돌부리는 멀쩡하다". 왜? "놈의 뿌리가/굳건하게 땅속에 버티고 있기 때문이다". 시인이 돌부리 하나를 보고 배운 것이 있다. 자신의 자존을 지킨다는 것이 얼마나 중요한 일인지를. 심지가 굳은 사람은 부화뇌동하지 않고 뿌리 깊은 나무는 바람에 흔들리지 않는다. 우리가 고꾸라지고 크게 다치는 동안에도 돌부리는 그냥 그 자리에 있을 뿐이다. 이와 같이 시인이 나름의 연륜으로 인생철학을 은유적으로 논한 시가 주로 제1부를 점하고 있다. 잠자리 최후의 모습을 이렇게 묘사하기도 한다.

> 법열에 떠는 성스러운 짝짓기 의식이 끝나고 나면 암컷은 충만감이 채 가시기도 전에 수생식물이나 물속에 알을 낳는 다 쏟아내듯 줄줄 알을 낳는다 그리고는 금방 죽고 만다 할 일을 다한 생(生)의 장렬한 종지부, 영원한 잠자리에 드는 잠자리, 온 데로 돌아간다
>
> —「잠자리 3」 마지막 연

잠자리는 종족 번식을 위한 성스러운 짝짓기 의식을 끝내고는 알을 놓고 금방 죽는데 우리 인간은 어떤가. 자신의 몸을 보하겠다고 온갖 야생동물을 덫이나 올무로 잡아서 먹는 행위를 계속하고 있다. 의학의 발달은 인간한테서 자연사할 기회를 빼앗아가고, 갖가지 무리한 처방으로 목숨만 간신히 연명하게 한다. 안락사는 법적으로 안 되므로 수많은 인간이 산소호흡기와 여러 개의 줄을 몸에

붙이고서 연명만 하고 있다. 인간도 자연의 일부이므로 자연사할 권리를 줘야 하는데 안락사는 또 어찌 보면 살인이므로 허용되지 않고 있다. 어느 날 시인 김주완, 자신의 임종과 그 이후를 생각해본다.

그래도, 나는 너무 오래 살았다
죽은 채로 죽지도 못하고 무망하게 살았다
이제는 사라지고 싶어
누가 나를 갈부수어 가루가 되었으면 좋겠다
흔적 없이 하얗게 망각되고 싶다

—「압화(押花)」 마지막 연

우리 모두 반드시 맞이하게 될 최후의 순간, 그 순간에는 어떤 현상이 일어날까? 시인은 상상해본다, "나의 질식을 신경 쓰는 자는 아무도 없었다"고. "살아온 날들의 부피가 허공으로 빠져나가"고, "사지 멀쩡하던 굴곡진 몸체가 허망하게 무너"진다고. 잠자리는 생로병사 기간이 아주 짧지만 우리 인간은 이제 100년을 바라보고 있다. 아래의 시는 반드시 꽃과 열매만의 거리를 논한 것일까?

없는 완성을 찾아가는 길은, 멀고 슬프다

꽃피우지 말아야 한다
어쩌지 못해 꽃을 피웠거든
열매 맺지 말아야 한다
이래저래 열매 맺었더라도
완숙으로 가지는 말아야 한다

거리(距離)를 벗어나면 외톨이가 되는데
외로워야,
너는 너로 남는다

—「꽃과 열매의 거리 5」 후반부

세상의 거의 모든 열매가 둥글다. 시인은 역설적이게도 꽃은 피우더라도 열매는 맺지 말아야 한다고 역설한다. 왜 시인은 "이래저래 열매 맺었더라도/완숙으로 가지는 말아야 한다"고 말하는 것일까? 열렬히 사랑하다 맞이하는 이별은 더 서러운 것처럼 차라리 그 사랑조차 행해지지 말았더라면 더 좋았을 것을! 대단원의 막을 내리는 것보다는 미완을 더 소중히 여기는 것은, 외로워해야만 너는 너로 남고 나는 나로 남기 때문이다. 단독자로서 자기 인식이 필요함을 역설한 이 시는 현대인의 고독에 대해 논한 시이기도 하다. 어쩌면 산다는 것 자체가 모순인지도 모른다. 멧돼지야 제 본능대로 노는 것이겠지만 인간의 관점에서는 "망치 같은 멧돼지 주둥이가 아버지 산소를 파 뭉개고 있는지 모른다/놈의 배신을 용서할 수 없"(「선잠 3」)는 것이다. 땅강아지가 땅으로 기면 제 목숨을 잘 부지할 수 있었을 텐데, 불빛을 보고 날아가다(아, 날개가 없었더라면!) 떨어져 "버둥거리다 생을 마감하는 수도 있다"(「땅으로 기다 1」). 우리는 모두 살아 있는 것이 아니라 목숨을 부지하고 있는 것인가.

제2부는 자연현상에 대한 관찰기록부 같은 시편이다. 자연의 변화를 보고 자신의 감정을 이입해 일종의 전원시나 목가풍의 시를 쓴 것이 아니라, 자연의 이법에서 인간세상의 모습을 그리거나 모순을 파악해내고 있다.

개의 혀가 붉은 능소화처럼 늘어졌어
숨을 헐떡이는 소의 눈동자가 풀어졌어
해가 지지 않는 오늘 같은 날은 싫어
도대체 밤이 오긴 오는 거야
설레는 한 주를 보내도 푸른 행운은 번번이 빗나가고
이제 기다리는데 이력이 났어
설레지도 않아
그럼, 내게 왔을 때만 너는 내 여자야
문을 나시고, 꽃잎처럼 날려 가는
지구 끝에서 온

너를 붙들고 있으면 안 되지
새는 날아야 새가 되는 거야
정말, 왜 이리 긴 거야 오늘은
옛날
싫은 과목의 끝나지 않는 수업시간 같아

—「하지 1」 전문

연중 낮이 제일 긴 하지 하루를 이런 식으로 풀어내고 있다니, 참으로 신선한 느낌을 준다. 제목이 '하지'가 아니라면 무슨 이야기를 하고 있는지 모를 시이다. 상상력의 진폭이 매우 커 읽는 재미를 만끽하게 한다. 즉, 이런 시는 독자의 이해력과 분석력, 추리력을 요하고 있다. 「우산 1」「맨드라미」「갤러리에 갇힌 풍경」「파지」「아궁이」「불길」 등 흥미롭게 읽은 시 가운데 비교적 짧은 시를 한 편 보자.

어탁을 뜨듯 마음의 윤곽을 받아쓰기만 했다
보태거나 뺀 것은 없다
그러나 나는 찢어져, 끝내 버려졌다

부서진 내 몸속, 파편으로 남은 그녀의 한때가
죽지 못하고 살아 있는 것은

궁극적으로
내 잘못이 아니라 그녀 잘못이다

—「파지」 전반부

화자가 파지(破紙)가 되었다. 이 시에서 그녀의 정체가 누구인지 알 수 없어서 시 전체의 의미 파악도 쉽지 않은데, 일단 '무너진 사랑탑'쯤으로 이해를 해본다. 그녀는 나를 버린 매정한 여인인가? 나로 하여금 자꾸 파지를 내게 하는 잊지 못할 여인인가? 시와 음악의 여신 뮤즈인가?

자기가 자기 맘에 들지 않았던 그녀의
먹점
그녀가 버린 어제인, 내가
바람벽의 철지난 광고지처럼 휴지통에서 탈색하고 있다
떨어져 썩어가는 꽃잎 같다

꽃이고 싶어 꽃으로 피는 꽃이 있겠는가
낙화이고 싶어 낙화인 꽃이 있겠는가

—「파지」 후반부

버림받은 화자의 처지가 휴지통에서 탈색되고 있는 바

람벽의 철지난 광고지 같다고 한다. 어느 종이인들 파지가 될 꿈을 갖고 태어나지는 않았을 것이다. 어떤 사람인들 버림받은 신세가 되고 싶어 연애를 하지는 않았을 것이다. 어떤 꽃이든 "낙화이고 싶어 낙화한 꽃이 있겠는가". 한 편의 시를 쓰기 위해 몇 장의 파지를 내는 시인의 고뇌에 동참하고 싶다. "샐비어 꽃처럼/타오를 수 있을 때 타올라라/살아 있으니까 불타는 것이다"(「불길」)라며 생명체의 생명력과 생명현상에 대해 연구를 거듭한다.

시인은 제3부에 가서 고향 왜관의 과거를 연구하고 현재를 탐색한다. 지명이 왜 '倭館'인가를 생각해보라. 왜관은 6·25 때 '왜관전투'로도 유명하다. 우리의 아픈 과거사를 고스란히 지니고 있는 도시인 것이다. 시인은 왜관 구장터에 있던 청로샘 주변의 광경을 스케치하기도 하고, 기지촌 여인들의 모습을 떠올려보기도 한다. 왜관의 역사를 다음과 같이 묘사하기도 한다.

> 구왜관이 있던 백포산성터는 강 건너에 있고 이쪽에 있는 소읍 왜관의 시가지도 저 아래이다, 높은 곳에서 아래를 바라보는 곳이라 하여 '관터'라고도 불리는 이곳에서 벽진 이씨, 광주 이씨 양반네 선조들은 낙동강을 거슬러 올라가는 왜인들을 보며 망연했을까, 왜인들이 물러가자 뒤이어 미군들이 널널이 들어오고 기지촌이 자리 잡을 때 그들은 또 무

은 생각을 하였을까

—「돌밭 가는 길 3」 제2연

한 편 시 속에 왜관의 100년 역사가 일목요연하게 전개된다. 지나치게 산문적으로 쓴 것이 흠이긴 하지만 구한말과 일제 강점기, 미군정기, 6 · 25와 전후시대가 한 편 시 속에 펼쳐진다. 왜관의 옛 모습에 대한 구체적인 묘사가 다음과 같이 이뤄지기도 한다.

격전지 자고산과 구철교는 잠시 추안거(秋安居)에 들어간다
웃개와 아랫개, 갱빈에서는
맨발로 나선 사람들이, 사라진 과수원 길로
흘러내린 날들을 버려둔 채 달려가고 있을까
자갈이 뒹구는 비포장도로 위로
덜컹덜컹 끌려오는 소달구지 소리가 들린다
구장터쯤에서 날아오른 장꾼들의 우렁우렁 말소리가
안개 속으로 녹아내린다.

—「가을 안개가 지나는 왜관 점경」 중반부

흡사 옛날 필름을 보고 있는 기분을 느끼게 한다. 이제 이런 이야기를 해줄 수 있는 원로도 없는 세상, 시인은

이런 식으로 시로써나마 왜관의 옛 광경을 복원하여 보여준다.

제2부의 뒤편 시는 시인의 어린 시절 이야기라고 할 수 있다. 어머니에 대한 애틋한 기억은 「손의 비밀 2」「신발 3」「똬리 2」「탈 6」「갈피끈」「가을밤에 찍는 느낌표 3」 등 한두 편이 아니다. 집안의 내력은 「아카시아꽃 1」「착시, 울안의 돌배나무 2」「분꽃 일가」 등이다. 이야기시의 특징을 잘 살려, 집안의 내력과 가족사적 이력이 소상히 펼쳐지는 시편인데 쉽게 이해가 되므로 따로 해설을 덧붙일 필요는 없을 것 같다.

제4부에는 시인이 생애 내내 팠던 학문이 '철학'이었던 것이 반영되어 상당히 철학적인 시가 많다. 안 좋게 말하면 관념적이고 좋게 말하면 형이상학적인데, 어떤 사물에 대한 인식의 깊이가 거의 우물 파기의 수준이다. 「빨래를 삶으며」 같은 시의 제목만 보면 일상적 차원의 시 같지만 내용은 결코 가볍지 않다. 아주 긴 시가 많고, 어떤 철학적 명제에 대한 시인의 사고가 깊고도 길다. 꽤 난해한 시도 보인다. 아마도 철학으로 설명해야 할 것을 시로 풀어낸 탓이리라, 이해한다.

시작이 내 것이 아니었기에
끝도 내가 내는 것은 아니랍니다

먼 길은 끝나지 않는 겨울 속으로만 나 있다지요

—「겨울 원행」 마지막 연

빛깔과 빛깔이 어우러져 사는 세상에서 홀로 돌아앉은
적요의 빛깔은 버려진 자의 탈색, 혹은 텅 빈 무색이다
시간이 정지한 지대에서 말없이 바라보는 허공의 빛깔

—「적요의 빛깔 1」 마지막 연

일상의 차원이 아니라 관념의 차원이어서 이해하는 것이 쉽지 않은데, 어떤 시는 지나치게 길고 어떤 시는 내포가 무진장 깊다. 제4부의 시는 거의 다가 철학서의 한 장(章)이 한 편씩의 시가 되었다.

말 속에는 존재가 들어 있다 말의 집에는 존재가 거주하고
있다 소라게처럼 스스로 선택하여 들어간 것이 아니다 누가
그에게 이름 붙여주었을 때, 너를 너라고 소리 내어 불러주
었을 때 주술에 걸린 것처럼 존재는 말 속으로 빨려 들어가
거기에 거처를 정할 뿐이다 그때부터 말은 감옥이 된다

—「집 14—존재의 집」 제3연

시를 가리켜 '존재의 집'이라고 한 이는 독일의 실존주의 철학자 하이데거였다. 김주완 시인은 65세 나이에 무

당이 대나무를 붙잡고 있듯이 시를 붙잡고 있다. 지금까지는 대학 강단에서 철학을 가르치며 철학으로 사고했겠지만 지금은 시로써 생로병사의 진의와 희로애락의 실체가 무엇인지 풀어나가려고 한다. 자신의 시론을 가장 명징하게 전개해본 시가 시집의 제일 마지막에 실려 있다. 말로써 존재의 집을 만들어보려는 자, 바로 김주완 시인이다.

시인은 과거 한때 '말의 감옥'에 갇혀 힘든 나날을 보내기도 했던가 보다. 하지만 지금은 "얼마큼 지나면 집은 또 헌집이 되고 집 속의 존재 또한 헌것이 된다 나는 이름 없는 것을 다행으로 여긴다 말집이 없어 갇히지 않았으므로 처음부터 자유다 낡을 일이 없다 내가 없는 채로 나는 이대로 가는 거다"라며 시에 대한 각오가 예사롭지 않음을 이런 식으로 피력하고 있다. 존재의 집에 안주하지 않고 완공된 집을 허물고 또 짓고, 또 허무는 자유인의 방황과 방랑이 시인의 앞날이 될 것이다.

해설자는 김주완 시인이 우리 시단에서는 드물게, 연륜만으로 한몫 보려는 시인이 아니라 『삼국지』의 황충처럼 '노익장'의 시를 쓸 것을 믿는다. 우리 시단은 요절한 천재에게 높은 점수를 주고 첫 시집에 최고점을 주는 나쁜 관행이 있다. 나이가 들수록 더 젊은 시를 쓰는 시인이 한 분 왜관에 계시다. 그분의 성함이 '김주완' 시인이다. 생을 완주하고자 하는 마라토너의 심정으로 시를 쓰고 있음을 알 수 있다. 우리 모두 이 이름을 기억하기로 하자.

이 도서의 국립중앙도서관 출판시도서목록(CIP)은 서지정보유통지원시스템 홈페이지(http://seoji.nl.go.kr)와 국가자료공동목록시스템(http://www.nl.go.kr/kolisnet)에서 이용하실 수 있습니다.(CIP제어번호: CIP2013013013)

문학의전당 시인선 161

오르는 길이 내리는 길이다

ⓒ 김주완

초판 1쇄 인쇄 2013년 8월 19일
초판 1쇄 발행 2013년 8월 26일
지은이 김주완
펴낸이 김석봉
책임편집 이현호
디자인 조동욱
펴낸곳 문학의전당
출판등록 제311-2012-000043호
주소 서울시 은평구 연서로11길 7-5 401호
편집실 서울시 마포구 공덕2동 404 풍림VIP빌딩 413호
전화 02-852-1977
팩스 02-852-1978
블로그 http://blog.naver.com/mhjd2003
전자우편 sbpoem@naver.com

ISBN 978-89-98096-39-7 03810

*이 책의 판권은 지은이와 문학의전당에 있습니다.
*양측의 서면 동의 없는 무단 전재 및 복제를 금합니다.
*잘못 만들어진 책은 바꿔드립니다.